如何理解
老公的脑回路

IHOKO
KUROKAWA

[日] 黑川伊保子 著
朱悦玮 译

中国友谊出版公司

前言

了解丈夫的"男性大脑"

在《如何理解老婆的脑回路》出版后，我终于完成了《如何理解老公的脑回路》。

热切期待阅读本书的绝大部分是《如何理解老婆的脑回路》的男性读者。在阅读过《如何理解老婆的脑回路》之后，他们深刻反省了自己从前是多么不理解妻子，因此希望妻子也一定要看一看《如何理解老公的脑回路》。

不知道妻子们看过本书后会不会自我反省，本书将详细讲述你所不知道的男性大脑的特点，相信丈夫和妻子在读完本书之后，会将堵在胸口的郁闷一扫而光。

如果在最近3天里，你对自己的丈夫有"不体贴""对牛弹琴""不理解自己""让人抓狂""没有一起生活的价值""害怕孩子们长大离家后夫妇两人一起生活"的担忧，哪怕只有其中一条，请立刻阅读本书。

读完之后你就会发现，自己的所有不满，很可能是冤枉了丈夫。

丈夫过分的话语和漠不关心的态度，既不是因为他不爱你，也不是因为他的性格缺陷，只是男子气概的副产物而已。知道这些后你将作何感想呢？

因为男人想要保护自己的爱人远离危险，所以才会突然指出对方的缺点。女人只是想让自己的丈夫温柔地倾听自己一天的倒霉经历，想得到丈夫的安慰，可是丈夫却只会挖苦"你做得也不对""不喜欢做的话就放弃好了"。但实际上，这正是男性大脑表达爱与诚意的方式。

只要把握了男性大脑的特点，你或许会发现原来自己的丈夫是个既温柔又诚实的人。要是能掌握驾驭"男性大脑"的方法，说不定还可以把丈夫改造得既顺从又体贴呢。

可能确实有些丈夫既懒惰又心术不正，完全无法改造，但绝大多数丈夫是值得一试的。

因为即便你换个丈夫，很可能结果跟原来一样。如果有一天你不得不接受"男人就是那样"的事实的话，那何不用这个方法尝试改造一下身边的这个男人呢。

本书将为大家详细讲解女性大脑的生殖战略，它远比我们想象的要残酷得多。

女人为了繁殖后代，她们会尽可能寻找免疫力强的对象（外表的魅力与免疫力高低成正比），并且认为有必要让后代拥有丰富的基因。因此，从动物的本能出发，她们不会把一生只奉献给一位异性。

雌性哺乳动物在怀孕、哺乳、育儿期需要受到保护，所以在一定期间内她们会锁定一位异性，但是当育儿期告一段落后，大脑就会悄悄对她说："去寻找免疫力更高的男人吧，眼前这个男人不行。"

于是女人就会对眼前这个男人越看越不顺眼。连那些曾经的优点在她们眼中都变成了缺点。

只有真诚的人，才能躲开女性大脑的陷阱。

你有没有掉入这个陷阱呢？

繁殖能力越强的女性，本能也越强。这样的女性漂亮又充满魅力，非常受欢迎。单从大脑机能的角度来说，我认为她们想让后代继承更丰富的基因的想法是无可厚非的。离婚也好，婚外恋也罢，作为脑科学研究者，我是完全能够理解的。

但是，为什么我躲开了大脑的诸多陷阱将自己最初的婚姻进行到底呢？因为我觉得家庭这个空间非常宝贵。一个可以让儿子无忧无虑地长大的家，让儿媳可以无所顾忌地撒娇的家，是无可替代的。

当然，完全没有血缘关系的父子相处得像好朋友一样，离婚夫妇共同照顾孙子这样的可能性也不是没有，但是对于既没有钱、脑子又笨拙的我来说，"复合家庭"这条路实在不适合，我没有勇气拿我儿子做试验。

无论是为爱而活、为了家庭而活（有时需要将小秘密深藏心底），还是快乐地创建复合家庭，女性的人生应该由自己决定。

如果决定"与一位男性共度一生"。那就意味着选择了违背大脑本能的生活方式。当大脑说"去寻找更好的基因吧，眼前这个生殖对象不行"时一定要堵上耳朵。

当然，因为人类并不是依靠本能来进行恋爱，所以你可以永远爱你诚实的丈夫。

但毕竟涉及了本能这个不可控的领域，因此有时候妻子也难免会感到非常的生气。

因此，谨以此书献给那些做出了"即便生气、我也要与此人共度一生"这一决定的人。

事实上，妻子对丈夫的怒火在绝大多数情况下都是冤枉丈夫了。第一个原因就是妻子陷入了我刚刚提到过的女性大脑的陷阱，想去寻找"更好的对象"。第二个原因就是不了解男性大脑的结构而引起的误解。前者属于本能，不可避免，但是如果充分了解男性大脑的结构，后者还是有办法解决的。

对男性大脑了解得越多，越会觉得他们是那么笨拙、死心眼，却又那么可爱。

如果日本人生有100年，夫妻之间或许要在一起生活70年的时间。我觉得人类应该加大力度去研究夫妇和谐相处的技巧与哲学。要是有"夫妇学"这门学科的话就更好了。

如果等不及该领域的学术研究成果，不妨先看看人工智能研究者写的这本《如何理解老公的脑回路》吧。

男性大脑的使用方法是我在设计人工智能时发现的，没想到这个方法竟然还可以促进夫妻间的和睦。或许你也可以用这本书将"可气的丈夫"变成"意外的好丈夫"呢。

总之，请先读读看吧。

目录

前言 了解丈夫的"男性大脑" ………………………… i

第一章
不同大脑令夫妻总想分手
.... 001

全都是丈夫的错吗	003
男人也很难	005
爱不是永恒的	006
残酷的母性	008
女性大脑的陷阱	009
男人和女人的大脑究竟一不一样	012
为什么会有惯用手	013
女性大脑重视过程，男性大脑重视结论	014
女性也使用"大叔脑"	016
"丈夫很过分"的真相	017

第二章

将"不中用的丈夫"变成"体贴的丈夫"的方法

019

展开话题的引子	021
培养男性的聊天技巧是母亲的责任	023
家庭的价值	024
提升男性对话技巧的方法	026
将希望丈夫说的话规则化	028
规则守护两个人	029
妻子也提个规则	032
衡量丈夫的爱就是在自取灭亡	034
纪念日要特别引起注意	036
重新认识女士优先	038
过于溺爱儿子会使丈夫无法进步	039
男人用沉默来解压	040
男人不知道女人需要共鸣	041
为什么妻子的话听起来像高频噪音	043
男人在发呆时进化	045

对话压力小的女性受欢迎 046

讲起话来滔滔不绝是女性力量的证明 047

大脑的每个机能都是有用的 048

3秒规则 049

先说结论和数字 051

可以从经过说起吗 053

不要过度解读丈夫的话 055

丈夫不善解人意的真正原因 056

女性使用一个动作,男性使用两个动作 057

丈夫不善解人意是冤枉的 059

宣传活动很重要 060

给丈夫分配家务,你会重新爱上丈夫 062

第三章

将"过分的丈夫"变成"体贴的丈夫"的方法

065

邪恶的大脑 067

如何与有消极影响力的人相处	069
害怕失败，一心取胜	071
找丈夫商量，丈夫肯定会说"NO"	073
不要妄想丈夫能帮你消除不安	074
列举自己一天的工作后哭泣	075
只做正面积极的解说	077
婆婆比丈夫更沉着	078
使用引人注意的口号来代替牢骚	080
擅自一体化的丈夫	082
能干的妻子就是丈夫的"手"和"脚"	083
不要扮成"好妻子"	085
暴露自己的弱点，相互依赖	087
爱情通过"索取"来积累	088
小心名为"什么都想为他做"的病	090
如果没有你，我将活不下去	092
夫妻间的"无可替代"源于小事	093
临行前的拥抱	094
1万次握手	096
婚姻的真相	098

第四章

大脑是如此麻烦的家伙 101

是不是患了卡桑德拉综合征 　　103

如何与有共鸣障碍的人相处 　　107

男性落入的陷阱 　　111

不知道什么是"惯例" 　　114

上司是傻瓜吗 　　118

妻子的说明 　　122

人生最关键的时刻 　　125

后记　夫妇的时间 129

第一章

不同大脑令夫妻总想分手

我的丈夫会耐心地听我讲话。

因为我每次都会提前跟他打好招呼:"接下来我想讲讲我的伤心事,你只要表示共鸣就行,可以吗?"

几次之后,这种事就形成了习惯。现在已经成了默认的事情,每次丈夫都会一边听我说话一边和我共鸣,并给予安慰。

全都是丈夫的错吗

我的丈夫以前是个只会默默地听我说话,然后突然否定我的人。

比如我对丈夫抱怨说"我跟那个人这么说,结果他却那样说我,真是好讨厌啊"的时候,如果丈夫能够用"那可真过分"来表达共鸣,或者鼓励说"你已经做得很好了",又或者安慰"你一点儿都没错"的话那该有多好啊,这是每位妻子都期盼的标准答案。

但是我的丈夫却连眼都不眨一下,只会说"你讲话的方法也有问题"。如果是在热恋时期的话,可能我会觉得这种回答很理智吧。

每当我抱怨PTA(教师家长联合会)的时候,丈夫就会说:"既然那么讨厌,干脆退出好了。""既然你有这么大的怨言,为什么当初要接受负责人的职务呢?"

我真是被他气得说不出话来。为什么他就不能说"什么都让你一个人来做真是难为你了""老婆不仅长得漂亮还那么能干,肯定是遭人嫉妒了"之类的话呢。

经过几次这样的事件后,我就认定丈夫是个不善解人意且冷酷无情的人,既不体贴也不真诚。

如果热恋时期遇到这样的事情,我会责怪他"太过分了",大吵一架后让他给我道歉,最后两人和好如初。但是由于女性大脑的本能给我们设了一个陷阱,育儿期开始后,女性几乎不会再有心动的感觉。如果这时再发生几次刚才那样的争吵,夫妻二人的关系就会渐渐疏远。

男人也很难

快要被育儿和家务（上班的主妇还要兼顾工作）逼疯的妻子，非常期待丈夫的关怀和帮助，但现实却是丈夫完全不理解妻子的苦衷，甚至说出"今天你都干什么了""只做了这点儿菜吗"之类的话，这样的丈夫真是太过分了。

其实丈夫也很困惑，没生孩子之前那个总在自己身边撒娇"对我好一点儿"的妻子怎么突然变得那么可怕。如果问她"你在生什么气啊"，妻子一定会吼道"我为什么生气，你不知道吗"。

"没生孩子之前，家就像是天堂，可现在家是地狱。我非常害怕回家，回家看孩子是心里唯一的慰藉。"我曾收到一封这样的邮件。对方在信中说妻子曾对他说："我不想跟你呼吸同一片空气。"但是在阅读了《如何理解老婆的脑回路》后，他改变了说话的方法，妻子又变回了曾经的那个天使。他后来又给我发邮件说："昨天，妻子看着孩子熟睡的小脸跟我说，希望孩子快点长大，好想我们夫妻两人一起去旅行、去探索美食。"

在丈夫看来，曾经像天使一样的妻子竟然变成了地狱的魔王。丈夫固然会对此感到非常震惊，但事实上妻子肯定也受到了严重的伤害。毕竟没有人喜欢地狱的滋味。

但只因改变了说话的方法，两人又重新找回了曾经真诚的爱。

虽然让丈夫阅读《如何理解老婆的脑回路》是最有效的办法，但如果妻子也能了解自己和丈夫的大脑结构肯定对改进夫妻关系更有帮助。只要妻子主动加以引导，丈夫就肯定不会犯错。进一步来说，一个懂得引导男性的女性，无论面对什么样的男性都能成功驾驭。如果你能驾驭一个"几乎天天惹你生气"的丈夫，那么无论是公司的上司还是青春期的儿子你都可以轻松搞定。

综上所述，思考为什么丈夫会把妻子推向地狱，以及怎样做才能让家变成天堂，就是本书的主题。

在本章中，我将和大家一起思考为什么丈夫那么过分（严格来说，应该是"为什么妻子会觉得丈夫那么过分"）。

爱不是永恒的

其实在绝大多数情况下，将妻子推入地狱的并不是丈夫。

而是女性大脑的生殖战略。

女性大脑的生殖战略远比我们想象的要残酷。当然，并不是说所有的女性都会完全服从本能。她们的基本战略如下：

动物会通过观察异性的外表、声音、味道等来考察对方的基因是否优秀。她们钟情于免疫力强、基因契合度高的对象，想获得对方的基因。因为雌性哺乳动物的生殖风险非常高（从怀孕、生产到哺乳不仅时间很长而且有生命危险），所以她们会严格筛选自己的对象。这就是爱情的真相。

但她们只在一定的期间内迷恋对方，如果没有怀孕，那么过了一段时间后她们就会脱离"情人眼里出西施"的阶段。她们发现如果继续锁定这个不能让自己怀孕的对象，只会提高自己失去生殖机会的概率。到了这个时候，对方的"温柔"也会变成"优柔寡断"，"可靠"则会变成"任性自私"，于是她们就会对这个人彻底失去兴趣，所以说爱不是永恒的。

怀孕与顺利生产会增加女性对男性的迷恋，但此迷恋非彼迷恋。男性从恋爱对象变成了理所当然提供资源的人。为了顺利将孩子养大，女性会从男性那里榨取所有能够榨取的价值。因为只有采取这样的策略，才能提高孩子的生存概率。

残酷的母性

因此，有孩子的妻子受本能驱使希望丈夫能迅速提供劳动力、觉悟（态度）、时间、金钱等全部资源。她们对孩子特别温柔，对丈夫则特别严厉，这才是真正的母性本能。

这世上的男性都认为母性是温柔平静的，所以自己也能像孩子一样任性撒娇，那就大错特错了。母性是为了养育后代的一种生存战略。对成年男性发火和严厉也在情理之中。妻子完全是在用生命演绎"母亲"这个角色。所以不应该过分美化母性。

当丈夫看到妻子温柔地对孩子说着甜蜜的话语，仿佛自己也回到了孩童时代，不由得也放松了心情。

但妻子却不会容忍丈夫的松懈。给孩子换尿不湿时，孩子突然翻了个身，导致妻子无法拿到擦屁股的纸……这时看到在自己身旁发呆的丈夫，妻子立刻火冒三丈（你还在发什么呆！），这都是母性本能使然。如果换做生孩子之前，妻子一定会温柔地对丈夫说："请帮我拿来好吗？"

所以说，并不是男人变了，绝大多数情况下，是女性大脑改变了对男人的看法而已。

女性大脑的陷阱

夫妻之间存在着许多危机。

当孩子能自己走路的时候，女性大脑就开始兴致勃勃地寻找"下一个生殖对象"。因为生物生存的第一要义就是"繁殖"，为寻找更优秀的基因，女性大脑踏上了永无休止的人生之旅。

女性大脑要寻找的是比眼前这个繁殖对象更好的基因，免疫力更强的个体。因为从进化的逻辑上来说，这才是最有效的繁殖手段。

但问题在于，女性大脑不会将这种想法表现为见异思迁，而是对"眼前这个生殖对象"发脾气，将事情闹得一发而不可收拾，然后以此为导火索奔向下一个男人。因为这样可以使女性认为"都是他不好，我没错"。

在竹内久美子的《看男人的手指来择偶》一书之中，提到了燕子见异思迁的故事。

雌性燕子喜欢翅膀和尾巴长的雄性。因为燕子的翅膀和尾巴越长，免疫力就越强。翅膀和尾巴的长度是雄性燕子在成长期战胜了虱子和细菌的证明。这样的燕子成年后身型更对称，看起来更漂亮（即便在人类看来也觉得好看）。

据说雌性燕子为了生下免疫力更强的雏鸟，她们见异思迁的对象一定比自己现在配对的雄性燕子的翅膀和尾巴更长。燕子筑巢是一件很难的工作，需要雌雄燕子相互配合才行。因此燕子都是成双成对的，雌雄燕子在分手后会分别寻找新的对象从而实现繁殖的目的。

但是，一个区域之中翅膀和尾巴最长的雄性燕子的配偶从来都不会见异思迁。因为自己的丈夫已经是免疫力最强的燕子，所以没必要再见异思迁别的燕子。不过，随着年龄的增长，燕子的身体也会逐年变弱，老的肯定比不过年轻的。

如果参照人类的道德标准，动物的生殖战略真的非常残酷且合理。

越是聪明的人类女性越容易掉入这个陷阱。

尤其是被丈夫气得快要疯掉的时候。

虽然在雷区蹦迪的丈夫也有错（请赶快阅读《如何理解老婆的脑回路》），但如果你知道这些其实都是自己的大脑制造出来的陷阱，起码可以冷静下来。

或许有时也需要婚外情来解压。

从大脑的特性而言，越违背本能，大脑的战略性就越强。在拼命拒绝了来自一位优秀男性共进晚餐的邀请后，心有遗憾地回到家中，却听到懒散的丈夫询问"晚饭呢，还没做好吗"，这时几乎任何妻子都会格外生气吧。于是从第二天开始，大脑在你耳边提到"抛弃这个男人吧"的频率也会随之增加。

我觉得，偶尔在外面放松放松也没什么关系。但如果你决定跟一个人共度一生，那么一定要认清界限，绝不踏入禁区，这是女性的底线。

当然，也有人在踏入禁区后依然能全身而退，或者因此再婚过上了另外一种生活。如何度过自己的人生，应该由女性自己决定。我愿为每位女性呐喊助威。

话虽如此，但很快第二个对象也会掉入女性大脑的陷阱。那个曾经在自己眼里闪闪发光的男人有一天突然变成了"把你气得火冒三丈的人"。因此，即便再婚之后，也请阅读这本《如何理解老公的脑回路》。

男人和女人的大脑究竟一不一样

在男女之间制造隔阂的，不只有生殖战略的陷阱。

男性大脑和女性大脑本来就不在一个频段上，这才是问题所在。

无论男女，刚出生时的大脑都具备同样的功能。如果从这个方面来说，男女的大脑是一样的。

但男性大脑和女性大脑的频段不一样。

就像同一台收音机，不同的频段播放的内容也不一样，有的在讲哲学，有的在播放流行音乐。男性和女性的大脑就类似这个原理。

当然，对于"男女大脑是一样的"这一观点我也表示赞同。反正都是收音机嘛，当然一样了。

但是当我想听"流行音乐"放松一下时,绝不想听什么"哲学讲座"。

虽然同样都是收音机,但有的收音机是"能够让人放松心情的盒子",有的却是"讲述人生真理的盒子"。如果非要说它们是一样的,那岂不是强词夺理。

这就是我的观点。

为什么会有惯用手

大脑中有很多机能不能同时使用。

当我们控制眼球"瞄准远处的移动物体,瞬间掌握距离"时,就不可能做到"仔细观察眼前的物体,不放过一丁点儿的变化"。

当大脑在专心分析过程的时候,就不能立刻做出结论。当大脑思考"发生过这样的事情,还发生过那样的事情"时,就是在分析过程。但如果有人提出"你到底想说什么""能不能先讲结论",就会使大脑感到混乱和绝望。

以上提到的事情,人的大脑都能做到,却又不能同时进行。

因此，必须先决定好哪个才是默认程序。在神经信号的演算中，最花费时间的就是关于"同样价值的东西，到底该选哪一个"的思考。当大脑犹豫不决的时候，会让我们的生命暴露在危机之中。

我们每个人都有惯用手。如果没有惯用手，我们甚至无法顺利躲避飞向身体的石子。因为大脑会纠结到底应该向左还是向右躲闪，无法迅速对身体发出指令。没有惯用手的话，我们对抓握这个动作也会觉得没信心。正因为惯用手与辅助手相辅相成才能巧妙地控制物体。因此，惯用手的存在具有十分重要的意义。

女性大脑重视过程，男性大脑重视结论

同理，大脑也需要事先定好优先使用哪个机能。是看远处，还是观察近处。是分析过程，还是先得出结论。

人类的男性和女性相当于雌性和雄性的哺乳动物。两者的生存战略完全相反，所以他们做出的"优先选择"也是完全相反的。

当在荒野和深山打猎时遇到了危险，如果不能瞬间做出决定来救助自己和同伴，何谈生存与繁殖，所以男性大脑总是看向"远处"，会突然指出问题所在，向"目的地"全速前进。

他们对同伴的心情和身体变化不够敏感，也不会说甜言蜜语，总是突然指出对方的缺点。但他们从不分析过程，所以回避危机的能力比较弱。换言之就是不知道吸取教训，屡次使自己陷入同样的危险之中。

而女性由于哺乳时间长，需要养育出生一年多都不会走路的孩子，所以她们经常观察"近处"，不错过身体每一个细微的变化，能马上与他人产生共鸣。她们还会分析共鸣与过程，在发生事件时倾向于讲述自己的情绪。这样就会牵出曾经的感情与记忆，使大脑再次体验一遍事件的经过，并由此带来新的发现。

正因为如此，女性不擅长观测距离，也不擅长言简意赅地述说结论。

当这两种截然不同的大脑共同生活在一起的时候，如果没有一定的生活智慧，就很难使婚姻一帆风顺。

因为想保护对方，所以急于解决问题，这是真正的男性大脑。遇到问题时他们先说出口的一定是"你这里做的也不对，下次应该注意"而不是"还好吧""我懂你"。

而女性则因为信赖自己的丈夫，所以希望他能与自己产生共鸣，在女性大脑看来，男性的上述行为无异于背叛。

女性也使用"大叔脑"

当然，无论男性还是女性，都不可能1天24小时，1年365天都处于生来设定好的频段上。

女性与孩子相处的时候就常常用到解决问题的大脑。一见到孩子就问："作业写完了吗？""怎么还不写作业？""学校怎么样啊？"

这和丈夫一回到家就问"饭还没做好吗""你在家待了一天，都干什么了""今天都做了什么事情"一样。

只有想要保护对方、负责任的人才会这么做。

"今天妈妈真不想工作，于是就溜回家了。所以我非常理解你不想写作业的心情"，我也很想跟孩子这样对话。

但我说不出口，因为身为家长必须对孩子进行正确的教育。我们教育孩子的时间是有限的……

现在你能理解了吧。其实丈夫也一样，他们并没有恶意，只是太诚实了而已。

"丈夫很过分"的真相

大脑会自动调用自己的全部机能。

但这反而更容易导致夫妻不和。

男性对自己的家人使用解决问题的大脑，所以对自己爱的人最为严厉。但是对跟自己无关的女性却可以很温柔。

女性也是，对别人家的孩子可以说"有很多学习成绩不好的人后来也出人头地了呢"，但是对自己家的孩子却说不出口。

热恋时期对自己关怀备至的男人变成了丈夫、父亲后，切实地感受到了自己肩上的重担，所以才会对家人说出那样严厉的话语。但是妻子为了提高孩子的生存概率，却希望丈夫能够给予自己比热恋时期更多的关怀和理解。

这才是夫妻之间真正的隔阂，是妻子认为"丈夫很过分"的真正原因。但事实上，无论妻子还是丈夫，只是走在自己应走的路上而已。

在孩提时代,我相信只要正确地生活就一定能够获得幸福。而在长大之后开始研究男女的大脑后我却发现,正是因为正确地生活,才导致了痛苦的发生。但也正是这份痛苦使人类得以繁荣昌盛。

如何解决这份痛苦?宗教?心理学?在女子会上发泄郁闷?还是借酒消愁?想想看,在结婚之时之所以要对神明宣誓,不正是因为维持婚姻是一件很难的事情吗?从古至今维持婚姻都不是一件容易的事情。但是古人可能并没有我们这般烦恼,因为那时人类的寿命还很短。

生活在21世纪的我们,或许要忍受70年的婚姻生活。幸运的是,我们有科学这个强大的伙伴。只要了解男女大脑的差异,就能给夫妻之间的隔阂架设一座桥梁。

如果能够做到这一点,我们就能成为真正的新时代女性。

第二章

将"不中用的丈夫"变成"体贴的丈夫"的方法

我最近深切地感觉到男性根本不知道怎么聊天。

一个中年男性在下班的电车上草草地浏览了一遍婚姻专家的专栏,看到"不聊天会破坏夫妻和谐"之后,回到家中就对妻子说"今天你都干什么了""出门了吗"。

丈夫突然提出这样的问题,会使妻子马上警觉起来。她们的头脑里最先浮现出来的想法是"难道丈夫是想说,你一天在家就只干了这么些家务吗""不管去哪都是我的自由吧"。但妻子绝不会把这些话说出口。

我觉得婚姻专家仅仅建议丈夫"多与妻子聊天"是不负责任的,还应该教他们如何聊天。

展开话题的引子

一家人的对话从一个能"展开话题的引子"开始。

比如像"今天中午吃了麻婆豆腐,太辣了"这样无关痛痒的话就行,但男性是绝对想不到这一点的。

当有一个人起了头之后,其他人就可以随声附和地说,"哎,我吃的咖喱!真是心有灵犀啊","什么呀,麻婆豆腐和咖喱完全不一样好吗","但是都很辣啊","耶(击掌庆贺)"。

(自从儿媳进了我家后基本上都是这样的对话。)

如果对方说"我今天连吃午饭的时间都没有",就可以问:"发生什么事了吗?"或许把今天发生的各种各样的事情都讲出来,就会感到轻松愉快了呢。

如果对方没有接话只是发出"嗯""哎"之类的语气词,可以试着邀请他"最近都没有出去吃中餐,下次休息时咱们去吃吧"。如果对方还没有接话,可以询问:"你看起来没什么精神呢,发生什么事情了吗?"即便对方说"你太烦啦",也可以用"哎呀呀"来结束话题。

只要有能展开话题的引子,就可以进行对话。即便妻子的心情特别不好,没有对你做出任何回应,至少也可以让她知道有你在她的身边。而提问不仅不能展开话题,还会使对方感到不舒服。

可惜男性并不懂这个道理。

培养男性的聊天技巧是母亲的责任

日本的男性连女性主动抛过去的话题都接不住。当妻子跟丈夫说"今天午饭吃了麻婆豆腐，太辣了"，丈夫只会回答说"是吗""然后呢"。于是夫妻间除了有事的时候会说话之外，其余的对话就没有了。

事实上，应该由母亲来教授这种聊天的技巧。

其他国家的男人之所以擅长聊天，是因为他们的母亲在他们还是孩子时就以跟大人说话的口吻和其对话。众所周知，对女性柔情似水的意大利和法国男人，和自己的母亲是特别要好的朋友。很多意大利人都会毫不羞涩地说"我，当然Mammone（非常喜欢妈妈的意思）了"，"Mammone？那也是没办法的，要是无法和自己的母亲顺利相处，也根本不可能和别的女性相处好"。

因此，请再次回想一下你家里母子之间的对话（如果没有孩子，可以回想一下婆婆与丈夫的对话）。

如果母亲总是用命令的口吻对孩子说"写作业了吗""快

点去洗澡""别磨蹭了",那么孩子就很难学会如何与别人交谈。遗憾的是,绝大多数日本的家庭都有这个问题。

日本的家长不会对孩子说"妈妈遇到了这样的事情,觉得很难受""美国的贸易战略可真愁人。你觉得特朗普怎么样"。一起看电影时也不会问"这段情节我觉得好感动啊,你呢",更不会交流阅读科幻和推理小说之后的感想。

如果在家里大家说的话只有"我饿了""我渴了""快写作业""把你饭盒拿出来",那么男孩子要怎么学会聊天的技巧呢?

改造丈夫固然重要,但有儿子的母亲,还要想想如何教授儿子对话的技巧。

在孩子幼儿期就把他当作"成人"来对话,比如问他:"你是怎么想的?"以我自己为例,我在给孩子喂辅食的时候会问他:"味道满意吗?"这样做既是为了将来母子间能够更好地交流,也为了给将来的儿媳减轻一些负担。

家庭的价值

前些天和家人一起去旅行,我在路边听到"想要幸福"

这句歌词，不由得说道："我对于'想要幸福'这种事情从来都没想过。完全是凭借好奇心就走过了60年的人生岁月。"听我说完，儿媳也说道："虽然我没想过要变得幸福，但是我想过得更好。老公你呢？"儿子笑着回答说："我也没想过要变得幸福，但是我每天都在想，如何能让你过得更幸福。"

我和儿媳都是会把自己想到的事情马上说出口的类型，儿子则每次都会很认真地回应我们。

前些天我不小心忘记了盂兰盆节放假这件事，还在盂兰盆节的第一天安排了工作。结果订不到新干线的坐席，从东京一直站到名古屋。更可悲的是出租车司机搞错了大厦的名字，最终我不得不在烈日炎炎下走路过去（司机确认大厦时说的名字不对，我纠正了很多遍，司机却说："这位客人你太多疑了，这就是你要去的大厦啊，不可能有错。"于是就让我在错误的大厦前面下车了）。

在这种时候如果没有人安慰我，我肯定要崩溃的，于是我给儿子拨通了电话。儿子安慰道："哎呀，这可真麻烦。人生确实会遇到这样的日子，真是太可怜了，你还好吗？"

"哎，算了吧"，听了这些安慰的话我觉得心情好多了。

这正是家庭的价值。

顺便说一下我为什么不给丈夫打电话，因为他没有儿子靠谱。在这个问题上，丈夫大概可以拿到70分吧，但他肯定会多加一句话："既然如此，你为什么不提前订票？"

我正在训练我的丈夫不要问"为什么××"这种事后诸葛亮的话。

提升男性对话技巧的方法

虽然丈夫缺乏对话能力完全是婆婆的责任，但也不能就这样对丈夫放任不管。毕竟妻子和丈夫一起生活的时间很长。

训练丈夫和训练儿子的方法是一样的。那就是"只聊闲话"。

比如"我喜欢像今天的天空这样柔和的蓝色，你呢"，"玻璃和铁的风铃相比，你更喜欢哪一种"，"布加勒斯特到底在哪啊""你最喜欢哪个漫威英雄"之类的闲聊。

会聊闲话的人，在被问到"茄子的做法有很多，你喜欢烤茄子，还是炸茄子？"的时候，肯定不会说"哪个都行，不要让我选了，太烦了"之类的话。这样今后他和家人之间就可以愉快地聊天了。

如果经常和小孩聊闲话,等他4～5岁的时候,提出一些让大人没有办法回答的问题的次数会大大增加,比如"妈妈,为什么彩虹是7个颜色的""妈妈,为什么西红柿叫西红柿呢"。

大人可能会觉得很麻烦,但是如果你将厌烦的情绪表现出来,孩子以后就不会再跟你聊天。对于没办法回答的问题,不用一定说出答案。让孩子觉得提问是一件很有意思的事情就够了。可以跟孩子说:"你可真善于观察啊,可是妈妈也不知道这个问题的答案呢,等你知道了,教给妈妈好吗?"

对于只会回答"啊""没事""为什么"的丈夫,不妨耐心地跟他聊聊闲话吧。

在我家,我和儿子的关系特别好,长久以来丈夫一直被我们疏远。但是自从儿媳进门后,她会在中间引导丈夫说话。比如"爸爸呢""爸爸是怎么想的"。

我也顺势指着儿子夫妇亲密交流的样子对丈夫说:"我也要你跟我这样说话。"儿媳也会帮忙说:"爸爸,你的做法是行不通的。快点照着说吧。"

于是，丈夫最近也变得会聊天了。我一直认为丈夫是个打死都不会改变的"实用对话型"选手，没想到竟然改变了。看来只要有榜样、说明以及训练，没什么是做不到的。

将希望丈夫说的话规则化

有时候，把想让丈夫说的话整理成规则也不错，告诉他"在这种时候就应该这样说"。

一旦发现妻子生气了，要立即说："还好吗？好可怜啊。"这是我家不可动摇的规则。

前些天，我被丈夫迟钝的态度惹火了，他急急忙忙跑过来安慰道："还好吗？好可怜啊。"虽然我的内心之中大喊"还不都是你的错"，但表面上笑着原谅了他。

丈夫难免会有犯错的时候，但事实证明如果把一件事情规则化，男性大脑会更容易遵守。反之，如果对他说"你要善解人意，对我温柔点"，会使他们感到不知所措。

有一天我正因为写稿子没思路而抱头烦恼，年幼的儿子看到后一下从身后抱住了我，可能他觉得我头很疼吧。

因为在他身体不舒服的时候我会抱住他,所以他也对我做了相同的事情。不可思议的是,我突然有了灵感,稿子很快就写完了。从那之后,"没有灵感了……呜呜呜""还好吗?(从背后抱紧我)"变成了我们默认的规则。

这个规则直到多年之后仍然没有改变。儿子上大学的时候,住在郊外离我2小时车程的地方。有一天他在深夜打来电话,因为听出我声音没什么精神,于是问道"感觉你没什么精神呢",我叹气说道"写不出连载",儿子立刻问道"要不要我现在骑摩托车回去"。

男性大脑对规则很忠实。遵守约定就是他们对爱的表现。

为了让我们可以一直相信爱,男女之间(母子之间也算)可以制定一些规则。

最初可以先让丈夫制定规则。男性会忠实地遵守规则。仅凭这一点女人就可以确认男人对你的爱,哪怕他没有说"我爱你"。

规则守护两个人

我和丈夫结婚后最先定下来的规则就是"手套主管"。

我的生日是12月中旬,因为离圣诞节很近,所以在热恋时期,丈夫为了给我准备礼物着实花费了不少心思。本来他就不是一个善于讨好女人的人,在间隔10天不到的时间里要准备2份礼物确实很犯难。

为了给丈夫减轻一点压力,我提议:"今后只要给我准备生日礼物即可。礼物就选手套吧。"

事实上我俩的选择标准完全不一样。他给我选的小礼物都不太实用,钱包、手提包这类的也用不顺手(后来我才明白这其中缘由。原来我和他的动作习惯不一样。他拿东西的时候无名指会向中指方向内旋,而我拿东西时无名指会外旋。他用手指尖固定物体,而我用手掌固定物体)。既然如此,选手套做礼物应该总不会出错吧。

而且即便每年都收到手套也没关系。黑色皮手套、毛织手套、米色皮革手套以及经典款都送了一遍后还可以选红色、绿色等漂亮配色的手套。偶尔送一副厨房手套也不错啊。几年后黑色皮革手套用旧了还会需要新的手套。我觉得送手套真是一个极好的主意。

"今后保护我的手免受冬季北风蹂躏的重任就交给你啦。"

于是我就正式任命他为我的"手套主管"。

十几年后我们迎来了离婚危机。本想两人谈好之后就要签离婚协议书了。

谈着谈着丈夫突然问道:"今年你想要什么颜色的手套?"当时正值11月末,按照以往的惯例,确实是到了决定手套颜色的时候了。

这一问倒给我问得惊慌失措。"什么?我才不要你的手套呢。"

那当然了,女人怎么能戴前夫送的手套呢?但是丈夫满不在意地说:"无论你戴不戴我送你的手套,冬天是肯定要来临的。冬天来了就会刮北风。北风一吹,手就会冷。"

这个人!我竟被感动得说不出话来。"今后保护我的手免受冬季北风蹂躏的重任就交给你啦",事到如今他竟然还想着完成这个我曾经交给他的使命。

那时,我忽然明白了,原来男人的爱就是正直地遵守约定。即便他没有说过任何我所期望的甜言蜜语,即便完全看不出他对我有半点儿的温柔和体贴。

哭着哭着我突然笑了出来,对他说你是不是傻啊。这个人肯定在我们离婚后也会一直送我手套的。既然这样，我决定不离婚了。

如果当时他不是我的"手套主管"，恐怕我们已经分手了。

因此，请你也去制定一个只属于你们两个人的规则吧。

话虽如此，如果丈夫忘记了规则，也不要怀疑他对你的爱。当两个人的关系稳定后，男人就会变得疏忽大意。我的丈夫也有好几次忘记准备手套，而我则借此机会"敲诈"一些手表之类的高价商品。

定好规则之后，如果丈夫忘记了，既不要恨他也不要吵闹，每次都温柔地提醒他就好。其实只要偶尔能记得就行。即便这样，相信这个规则在发生重大事件之时一定会将夫妻紧密联系起来。

妻子也提个规则

事实证明，男性大脑特别喜欢规则。

自古以来就承担狩猎任务的男性特别善于运用大脑和

眼球，他们能瞬间瞄准远处快速移动的物体，并能准确把握双方之间的距离。

为了将精力全部集中在远处，他们希望自己的身边是一成不变的。这样他们就不会分心，可以将全部精力都集中在远处。

驾驶时速超过350千米（就像骑在希望号新干线上一样）的世界顶级摩托车的赛车手，他们赛车上安装的零件，以及头盔和手套的佩戴位置都必须精确到毫米。他们每次以同样的装备参加比赛，前后左右的位置决不允许有丝毫改变。连抚平赛车服褶皱的顺序都要一成不变。如果改变这些规则，就很有可能会酿成事故。

以前木匠出门的时候，会刻意每次都用同一只脚先迈过门槛，据说这样可以讨个好彩头。我曾经想在老家建造一个偏房，早晨和木匠在玄关处商议好怎么做，出门的时候木匠搞错了先迈哪只脚，结果他又转过身来特意重走了一遍。

因为搞错规则就会给自己的工作带来危险，所以男人才会执着于这些细节。以前就连送行的人每次也都要以同样的动作来送别。在江户时代，妻子给即将出门从事危险工作的丈夫用打火石来送行。现在也有很多男人很难更换自己常去的理发店和饭店，这就是男人心。

除了把想让丈夫做的事情定成规则之外，妻子也要遵守一些规则。

尤其是"出门的瞬间"和"回家的瞬间"非常重要。因为男人一到玄关就会开始切换大脑模式。当然，儿子也一样。

说"注意安全"和"你回来了"时应该语气柔和并且每次都保持同样的语调。无论你当时有多么心烦，哪怕在吵架的时候，这一点也请务必遵守。

这是可以让丈夫远离危险、取得成功、平安归来的神奇魔法。这就相当于向丈夫传递了"家庭是一个安宁的场所"这一重要的信息。

衡量丈夫的爱就是在自取灭亡

对男人来说规则很舒适，但是对女人来说却很无趣。女性大脑测试爱的标准是男人能不能做到非常规的、需要动脑筋的事情。

你在什么时候能感受到妻子的爱？对于这个问题，一位男士回答说："回到家中，吃妻子准备的饭菜时。"这浪漫吗？妻子在做饭的时候想着如何爱丈夫了吗？实际上妻子只不过是给孩子做饭时顺便给丈夫做一下而已，又或者妻子认为这是每天不得不做的任务罢了。

男人将每天回家，以及每天上班，每月上交工资等"重复性规则"当作是爱的证明。

但是这些在妻子看来，都是理所当然的事情。因为妻子不是也把做家务当成"理所当然的事情"吗？在妻子看来，这些都不算爱。爱是丈夫自发地做"规则以外的事情"。比如不用别人提醒就在纪念日时提前订好餐厅，用语言表达对妻子的感谢和慰劳，如果妻子感冒了，主动买来能够帮助消化的食物和饮料，温柔地说好好休息……女人认为这些"不用别人提醒"丈夫主动做的"非常规的事情"才是爱。

丈夫按照"规则"做事，而妻子却用"非常规"来评价丈夫。这样恐怕永远也感受不到丈夫的爱。如果女人用这个标准来衡量丈夫对你的爱，那是在自取灭亡。

不能用"体贴、善解人意的非常规"来衡量丈夫的爱。

如果想让他说什么,想让他做什么,直接告诉他好了。

纪念日要特别引起注意

在"纪念日"以及"身体不舒服的时候"要特别注意。

因为在这样的日子里,妻子会对平时什么都不做的丈夫满怀期待。

"至少今天(纪念日)","至少在这个时候(身体不舒服的时候)",自己什么都不说的话,丈夫会怎么做呢?如果你怀有这种期待,那你一定会非常失望。

想庆祝纪念日,就把你想去的餐厅的电话号码交给丈夫,让他预约和付款就好。身体不舒服的时候就让丈夫"帮我把这个和那个都买来"。

但要是说到我的丈夫……我都已经很注意了,结果去年过生日时还是对他超级失望。

去年,我家附近新开了一家特别高级的天妇罗店。我高兴极了,对丈夫说了好几次"我过生日时一定要预约这家店"。结婚34年,我还是第一次主动和丈夫提出去哪里过生日的要求。

对于我34年来第一次的要求，相信丈夫（即便是曾放言"我要比你多活一天""不许你花我的遗产"的男人）一定会诚心诚意地满足我。现在想来，其实我当时还是对丈夫有所怀疑的。正因为有怀疑，所以才想去试探。

尽管我百般提醒，但还是在过生日的前一周发现丈夫把这事给忘了。因为实在是太生气太伤心，我一边哭一边发誓"今后再也不跟你一起吃天妇罗了"（虽然在儿媳的周旋下，最终我还是在天妇罗店过上了生日）。

就连自诩对男性大脑了如指掌的我都尚且如此。这也让我意识到，单凭"仅此一天"来测试丈夫的爱的行为真的十分危险。

既然我家已经把送什么礼物都定成了规则，所以干脆把纪念日的活动也定成规则好了。每年都约同一家餐厅，在同一家餐厅留下的"点点滴滴的回忆"在10年、20年之后看来一定很有味道。

这里希望大家谨记，如果丈夫做了妻子交代的事情，那说明他很爱你。虽然丈夫说"你早跟我说就好了，你也没说啊"这句话，会让妻子特别生气，但这正是丈夫对妻子发自内心的体贴和爱。

重新认识女士优先

这是一个常规。

欧美在女士优先方面做得非常好。男性大脑将此作为"绅士礼仪"的规则,女性大脑则会认为这样做的男性"善解人意,对自己很好"。

主动给对方开门、让座,当女性站起身时自然而然地伸出手扶持。

这些规则都需要母亲教给儿子。

我儿子从小学二年级开始,在餐厅就不会第一个入座。一定是在确认所有年长的女性都入座后他才会坐下。上下楼梯时会顾及身边最年长的女性,乘电梯时会主动按按钮,让所有的女性先上电梯。进大厦时会注意给后面的人留门。当我穿着长礼服参加宴会时,因为看不清脚下走路困难,他会伸出手来扶我,还会将我送上车。不是一直拉手,而是在有需要的时候才伸手,这点做得非常好。

这样的事情除了母亲没人会教。

不仅在欧洲,即便在东京,如果男生不会这样做也会被人低看。因为现在出现了许多的精英女性。

很多精英女性与男性并肩作战,但并不会因此就要求女性优先,她们只会借此评价男性的沟通能力和直觉能力。虽说男女平等,但并不是说可以不尊敬"年长的女性"和"重要的女性"。身材魁梧的年轻男子不尊敬年长女性的样子实在难看。与职业女性相处时不用帮她们拎包,但是起码应该做到帮她们开门,等对方入座后再入座。

话虽如此,但我儿子一开始也是不接受的。在他还是小学生的时候,有一次他跟我说:"妈妈,虽然你说全世界的男人都这样做,但是台东区的男人好像不一样呢。"我不慌不忙地对他这样说道:"那你是想走向世界,还是打算在台东区度过一生呢?"

儿子思考了2秒后点头同意说:"还是以世界为标准吧。"

过于溺爱儿子会使丈夫无法进步

在培养儿子时以爸爸作为榜样,更有利于促进爸爸做到女士优先。

我的丈夫经常找借口说:"像你这样身体健康的成年人,为什么需要我来照顾?"但是不知何时起,丈夫也开始和儿子做出一样的行动。看着小小的儿子拼命帮忙拎东西，他也会主动伸出援手。

在男人看来，女士优先可能只是一种形式，但对女人来说却完全不一样。如果丈夫动不动就回头来看妻子、帮忙拎东西、给她开门、时刻确认她是不是安全的，在妻子眼里他就是无可替代的人。

如果母亲没有教过这些，那么男孩子在这方面就不会特别机敏。你希望男人做什么就应该直截了当地跟他说。如果男人做到了，一定要衷心地表示感谢。相信看到母亲和妻子开心的样子，男人的沟通能力也会得到提高。

但要是母亲过于溺爱儿子，让儿子最先入座，给儿子拎东西、给儿子按电梯按钮，但是却抱怨"丈夫不善解人意"，恐怕丈夫永远都不会进步。因为丈夫跟在孩子屁股后面，只想着占妻子便宜。

男人用沉默来解压

男性大脑不擅长谈话。

即便是快乐的谈话也会使男性大脑感觉紧张。只有在安静的环境里沉默不语才能缓解男性大脑的紧张。

但女性大脑靠谈话来缓解紧张，所以在女性看来她们完全不理解男性的沉默行为。

当生存的可能性降低时大脑就会感到紧张（有压力），生存的可能性提高时则不紧张（没压力）。

女性通过谈话和共鸣来提高生存可能性，所以会越聊越开心。

男性则靠沉默和解决问题来提高生存可能性，所以在他们安静地发呆的时候最没有压力。

口若悬河的妻子与一言不发充耳不闻的丈夫。从某种意义上来说，这是最好的相处方式。因为双方大脑都处于放松状态。只要妻子不对充耳不闻的丈夫发火，丈夫也别把妻子说的话放在心上就行。

男人不知道女人需要共鸣

从远古时期起，女人就在部落里承担养育孩子的重任。人类是哺乳类动物，只有给孩子喂奶，孩子才会长大。在自然界中，甚至有哺乳期长达3～4年的情况。人类的幼崽在出生后1年左右的时间里不会走路，需要长时间无微不至的照顾。如果母亲生病没有奶水，那么孩子就会面临生存危机。因此为了生存繁衍，女性之间会保持密切的联系，当自己没有奶水的时候会跟别人借奶水，分享育儿的经验，从而提高孩子们的生存概率。

对女性来说，提高生存概率最重要的手段就是"共鸣"。她们对在战争中取胜，让敌人望而生畏毫无兴趣，女性大脑更喜欢有人关心自己，比如被对方询问"你还好吗？有奶水吗"，因为这样更利于养育孩子。

在战争中取胜让敌人望而生畏只会给喜欢争夺地盘的男人带来好处。谈话则是引发共鸣最好的工具。只要谈得兴高采烈，获得共鸣就能提高自己和孩子的生存概率。因此女性大脑会感到特别高兴，从紧张的情绪中解脱出来。

对女人来说，共鸣是比什么都重要的事情。

如果得不到丈夫的共鸣，有的妻子甚至会出现心理疾病。如果自己的丈夫是共鸣能力严重低下的阿斯伯格综合征患者，妻子极容易患上卡桑德拉综合征。具体表现为失眠、头痛、在丈夫回家时感觉心悸和头晕（详见第四章）。

没有共鸣的生活对女性来讲是十分痛苦的。

男性大脑急于打胜仗和解决问题，所以对他们来说共鸣是次要的。甚至有时他们会觉得这完全没有必要。因此，男性无法理解女性"没有共鸣就活不下去"的想法。

如果想得到丈夫的共鸣，只能跟丈夫明说："对于我接下来要说的话，你只要表示共鸣就行。我不需要你帮我解决问题。"

请求丈夫的共鸣，会不会觉得很扫兴？不，完全没问题。即便是强求来的共鸣，女性也会觉得很舒服。而且，男性也不是完全不想与妻子共鸣。请求丈夫的共鸣并不是让丈夫撒谎，只是改变一下丈夫心中的优先顺序而已。

为什么妻子的话听起来像高频噪音

对男性大脑来说，没有"片刻的宁静"的生活痛苦不堪，就像女性受不了没有共鸣的生活一样。

常去山里狩猎的男人会根据风和水的声音来判断前方的地形，通过树叶间微弱的摩擦声音来感受野兽的踪迹。如果此时有人在身边絮絮叨叨，就会有生命危险。

正如前文中提到过的那样，男性大脑生来的频段设定就是狩猎。只有在荒郊野外冒险并确切地取得成果的男人，他们的子孙才得以不断繁衍。然后他们的子子孙孙再重复这一冒险。反而是没有设定在狩猎频段的男性大脑才有问题。

因此，如果有人在他们耳边絮絮叨叨，那么男性大脑就会感到异常紧张。由于过分紧张，大脑就会将自己的空间认知能力（战略能力、危险觉察能力）提升到最大。

为了最大限度地接收空间认知的信号，大脑只能暂时关闭语言解析信号。也就是说，大脑会阻止语言的输入，关掉声音识别的引擎。

也就是说，对丈夫来说，妻子的话听起来就像高频噪音。大概就像是毫无意义的一连串杂音那样的感觉吧。

这就是男性大脑这个"装置"的真面目。

如果男性在30秒以内找不到谈话的目的（解决问题的主题），这场谈话肯定坚持不过3分钟。这并不是说他没有诚意，也不是不爱你，更不是发呆。而是为了保护妻子远离危险，将自己的空间认知能力提升到最大模式的结果。

但也有很多女性会说，为什么在谈恋爱的时候他那么热心地听我说话呢？和还没与自己结婚的女性谈话当然有耐心了，因为"认真听女朋友讲话"是"解决问题的手段"也是真正的"目的"。

对于自己有责任要保护的女性，谈话的"目的"则变成了"确认她今天是否安全，有问题的话帮她解决问题"。

这并不是"上钩的鱼不给鱼饵"。听妻子讲话像高频噪音正是男性大脑为了保护上钩的鱼而体现出来的最大诚意。

请原谅那个在你面前充耳不闻发呆的男人吧。

男人在发呆时进化

顺便对发呆的儿子也请高抬贵手。

男孩子以及今后在理科和艺术领域有所发展的女孩子，日常看起来总是迷迷糊糊的。他们在迷糊的状态下锻炼空间认知能力（理科、艺术的基础能力）。负责控制空间认知能力的小脑的发育临界期（所有的机能均已发育完善）是8岁，在8岁之前孩子有多迷糊，今后在理科方面的能力就将有多强。

如果你的孩子很迷糊，请不要总催促他学习，让他随心所欲才能充分发挥他的聪明才智。

我儿子迷糊的程度可以说相当严重。走一步迷糊一下，走两步又迷糊一下。小学1年级下学期时，有一天儿子从学校回来跟我说："妈妈，今天在学校里发生了不可思议的事情，早晨我到学校的时候已经开始上第2节课了。"

能迷糊到这种程度真是让人无语。我只能安慰自己"这才是真正的理科大脑，战略家（可能，如果是就好了）"，于是就尽量放任他自由。他既没好好学习，也没上补习班，最后却拿到了物理学硕士学位。做过汽车设计，现在自己经营公司。周末会变身为猎人到森林里探索。这样想来，这还真是性价比极高的育儿方法。

对话压力小的女性受欢迎

因为男性大脑会对谈话感到压力，所以喜欢将自己大脑中浮现的事情一个接一个说个不停的女性要多加小心。男性对这样的女性一般没有什么好感。这样的女性虽然也有男性朋友，但却很难会有男人来求婚。在商务场合，还会被错认为缺乏能力。

人类一般会对"能缓解自己大脑紧张感的对象"感到亲切舒服,不喜欢"会让大脑紧张的对象"。就像大家都喜欢清澈的水流,没人喜欢浑浊的水沟一样。

就算化上精致的妆容,穿上漂亮的衣服,做了自然的卷发,但是如果让男性大脑感到紧张,那这一切都是白费。对女性来说,做一个让男性对话起来没压力的女性,这才是最重要的。无论是在恋爱还是商务场合。

讲起话来滔滔不绝是女性力量的证明

已经成为妻子的女性想必都克服了上面的问题。但婚后进入生殖状态时,绝大多数女性还是会变身为"将自己大脑中浮现的事情一个接一个说个不停的人"。

为什么女性会将"人脑中浮现的事情一个接一个说个不停"呢?因为大脑想再次感受一下之前发生过的事情,并从中获得新的发现。通过一天所发生的事情总结经验,这是大脑自我保护的手段。

她们这样做的目的是提高躲避危机的能力。把自己的倒霉经历讲出来,是为了在今后的生活中不再遇到这样的问题，这其实是大脑在建立信息网的过程。因此在绝大多数情况下，女性讲的都是丧气的话题。从听众的角度来看，会感觉她的抱怨特别多。

但是对于承担养育责任的女性来说，如果不这样做就会感到危险。不同于动作敏捷又身强体壮的男人，女人在每次遇到危险时，思考的是绝不能让自己的孩子也遭遇同样的危险。

大脑的每个机能都是有用的

对于年轻女性或处于育儿期的女性没完没了的抱怨以及以自我为中心的行动，我不会有任何的厌恶之情。因为我知道这是"她们正在提高自己躲避危机的能力"。

同样的道理，对于迷迷糊糊的男生，我知道他们是"正在提高空间认知能力"。

了解大脑结构之后，你会对周围变得极为宽容，因为在大脑的设定之中，没有"全是缺点"的机能。抱怨是为了提高躲避危险的能力，发呆是为了锻炼空间认知能力，就连失败也是大脑为了培养直觉和判断力而进行的练习。

"不懂得吸取经验教训屡战屡败，每天浑浑噩噩的男人"是最优秀的男性，"因为失败而内心不安，絮絮叨叨、喋喋不休的女人"是最优秀的女性。

即便这样说，因为缺少维生素B、铁、钙等微量元素，导致模糊和担心的情况加剧。如果有不认真摄取动物性蛋白质（肉、鱼、蛋），而是以容易消化的糖分（面包或米饭）来填饱肚子的习惯的话，则会无法克制空间认知能力（模糊）的低下，以及规避危险能力（唠叨）的低下。因此，应该注意日常饮食的营养均衡。

3秒规则

我在前文中提到，男性大脑在聚精会神的时候会停止声音识别功能，对方的声音听起来就像是高频噪音。

但女性完全理解不了这一点。因为只要她们醒着，几乎没有关闭声音识别功能的时候。

比如两个女性在一起聊天，其中一个说起话来喋喋不休，另一个则逐渐变得心不在焉，正想着晚上的菜谱，这时对方忽然问"你觉得呢"。

另一个会立刻回答"嗯,没错"。因为只有立即做出反应,对方才会继续刚才的话题。因此,女性朋友之间谈话即便有一方稍微心不在焉,还是可以谈得很愉快。

但男人却做不到这一点。

当妻子问"你觉得呢"的时候,在男性听来就像高频噪音,所以根本不知道刚才妻子说了什么。于是丈夫反问到"什么"。这句"什么"就会触怒妻子。

比如妻子突然问正在发呆的丈夫"电影票买好了吗",妻子讲话比较快,丈夫由于发呆没反应过来,就会问"什么"。这句"什么"指的是"你刚才说什么了"的意思。

而妻子根本没想过丈夫会把自己的话当成噪音,所以这句"什么"在她们听来意思是"我说要给你订票了吗"。

"我们不是说好了吗"妻子又快速说道,这句丈夫也没听清,于是再次问到"什么"。这句"什么"在妻子听来就是"我可不知道"的意思,这下麻烦大了。

请别觉得好笑。在夫妇日常生活中妻子逼问丈夫"你这是什么态度",究其缘由多数是因为丈夫无法识别妻子的声音导致的。

很遗憾,在这一点上真是对男性一点办法也没有,所以女性只能改变自己"突然提问"的习惯了。

在对男性讲话时，必须按照以下的步骤进行。

①走到他的视线范围内喊他的名字；

②间隔2~3秒的时间再进入正题。

总之，一开始的时候要慢慢说。等男性打开了声音识别按钮，之后快点说也没问题。

这样一来，就会极大地减少你在家中逼问丈夫"你这是什么态度"的频率。公司的男性下属对你的信赖度也会提高。

先说结论和数字

男性对没有结论的谈话非常缺乏耐心，因为这会使他们深感疲惫。

在狩猎中进化的男性大脑一直在寻找"目标在哪里（应该瞄准哪里）"。如果妻子说"今早洗了很多大件衣物"，丈夫就会想"洗衣机出问题了吗"，并为解决问题做好准备。但妻子接着又说"下午阴天了，床单都没有晾干"，这种没有实质内容的谈话就会让丈夫感到压力。当压力达到一定值的时候男人就会关闭大脑的声音识别功能。之后妻子无论说什么在丈夫听来都是高频噪音。这是男性大脑的一种自我保护。

因此，如果一直跟丈夫讲一些没有结论的话题，其实丈夫也挺可怜的。要是再冲丈夫发火"你根本没听我讲话"，那丈夫简直可怜极了。

与男性讲话的时候应该先说结论（为了获得结论的谈话则先说目的）。

比如跟丈夫商量做法事的事情，可以这么说："我想和你商量一下母亲3周年忌辰的事情。有三点需要确认，分别是什么时候办、在哪里办、邀请谁。"

如果一开始就跟丈夫这样说，丈夫肯定听得进去。如果有可能的话，可以把这件事情写在客厅的白板上进行讨论，这样更容易集中注意力。

对儿子的说教也同理。"关于你房间的卫生问题我要跟你谈谈。请收拾一下枕头周围、桌子下面和扔在走廊里的衣服"。

在我没有意识到这点的时候，我的说教全都是抱怨和旧事重提。每次都是以"你怎么就……"开头,然后絮絮叨叨、喋喋不休,一想到这些话在儿子脑中可能都只是高频噪音,我就觉得十分泄气。

当然,对公司的男性下属做指示的时候也一样。"我要和你谈谈这个策划方案需要调整的地方。有4个重点,第1个是……"如果跟下属说:"我不是让你这么做吗?为什么会变成这样,你也太……",像这样喋喋不休的责备完全没有任何意义。这样做不仅无法正确传达你的想法,还会被认为是个乱发脾气、感情用事的不合格的上司。

可以从经过说起吗

如果能够在对话中遵循3秒规则以及"先说结论和数字"的话,别人一定会认为你是"能干的女人""通情达理的女性"。

我做咨询顾问的时候,我的老板曾指导我:"你每次都从经过开始讲太啰嗦了。人家会觉得你很笨所以千万别再这么做了。如果客户问你问题,先从结论回答。再用数字将重点列出来进行详细解释说明。"

按照老板教我的方法去做之后，客户开始夸奖我"黑川真是个聪明人啊"，后来我的客户也越来越多。男性的反应这么大让我自己都觉得"不是真的吧"。

后来，我才发现男性大脑是"目标指向型大脑"，顿时对老板的建议钦佩不已。

另一方面，如果从经过开始讲的话，大脑就会注意到"隐藏在过程中的真相"。如果这个会议是为了引出新的提案或者研究某个无法立刻解决的问题，从经过讲起就很重要。

这时最好提前跟男性同伴们打好招呼，"关于此事还没有最终达成协议，有几点我觉得有些担心，请允许我从经过说起"。

这样一来，"了解事情的经过"就成了大脑的目的，所以男性会放松地听你讲话。如果做好了这样的准备，即便在市场会议上从"昨天跟丈夫去商场地下的食品区，遇到了这样的事情"说起也没问题。这样大家绝对不会对你说"你在说什么""无关紧要的话就不要说了"。

我把这个方法也应用在了丈夫的身上。我会提前告诉他："我想跟你讲讲今天我都遇到了哪些伤心事。请安静地听我把话讲完并给我安慰。"

不要过度解读丈夫的话

在夫妇的对话中需要注意的最后一项是，不要过度解读丈夫的话。

多数情况下丈夫说的话都没有更深层的意思。

当丈夫问"就这点儿菜吗"的时候，他其实是在确认"是不是要用这一块鱼配两碗米饭"。

如果妻子以为这是丈夫在挖苦自己"你在家待了一天，怎么只做了这么点儿菜"，那就冤枉丈夫了。

就算丈夫是故意挖苦自己也不要在意，直接告诉他"是啊，你要觉得不够吃就撒点紫菜盐，或者加个生鸡蛋"。所谓挖苦，需要对方给予相应的回应才成立。如果妻子对丈夫的挖苦不理不睬，以后丈夫就不会跟你开玩笑了。

当丈夫说"你今天回来得好晚啊"，这也只是单纯的确认。没有必要尖声反问"我之前不是跟你说过了吗"，只要愉快地回答"是啊"就够了。

有一件事让我意识到"丈夫说的话真的没有更深层的意思"。

一天我让丈夫将3个需要丢弃的大件垃圾搬到公寓的大门口，搬完一件之后，丈夫看着剩下的2个垃圾问我"这些垃圾全都需要我来搬吗"。

如果在平时，我肯定没好气地说："我还有别的事儿要做，就这么点东西你全搬了吧。"但是我转念一想，说到"是啊，都拜托你了"。于是丈夫回答说"好的"，将剩下的垃圾分2次搬走了。后来我问他："你刚才是在跟我确认吗？"丈夫回答："是啊，我就想看看还需要搬一回还是两回。"我又问："不是在挖苦我吗？"丈夫回答说："我为什么要挖苦你？"

其实不止我的丈夫是这样的，希望大家回家也尝试一下，你肯定会发现很多时候丈夫完全是被冤枉的。

丈夫不善解人意的真正原因

接下来我想聊聊"丈夫不帮忙做家务"的话题。

丈夫总是表现得不善解人意。

我丈夫年轻的时候，当我喊"火锅来啦"，他就只会往饭桌旁一坐。我又说："你帮我拿一下隔热垫啊。"他就会把隔热垫直接放在铺满报纸和圆珠笔的桌子上。我发火说："你不把桌子收拾好我怎么放锅啊，会不会干活啊。"他就会说："早跟我说啊。"（不说就不做这一点确实让人生气。）

女性同伴在一起生活就完全不一样。一个在厨房做饭，另一个就会看情况事前收拾桌子，准备好隔热垫、餐盘、勺子和筷子。我大学时期的室友就是这样做的。现在儿媳也会这样做。

而丈夫到现在都是不喊他吃饭绝不上桌（大概是没有察觉饭菜已经做好的机能），但是对于已经规定好的需要他做的事情则一般不会出错。

丈夫在遇到新问题的时候真的很迟钝。

对于那种一看就明白的事，就是无动于衷。

但是，这不能证明他没干劲，他只是对妻子的做法不够了解而已。

女性使用一个动作，男性使用两个动作

连接胸骨和肩胛骨并对手臂起到支撑作用的锁骨具有

横向展开和纵向旋转两种行动模式。通过这两种行动模式的组合，手臂可以做出各种各样的动作。

事实上，男女使用锁骨的方法稍有不同。多数女性优先使用横向展开的模式，而男性则多数使用纵向旋转的模式。因此男女的行为举止也各不相同。我曾经向一名体育教练请教过，他说根据他自己的观察确实存在这种倾向。

女性横向展开锁骨伸出手臂拿东西，就像写一笔字一样。手臂在肩膀下面悄悄活动。即便是性格十分豪放的女性也不会使用蛮力拿东西。

而男性则旋转锁骨来拿东西。先将手臂伸到正前方，再折回来。有种瞄准目标速战速决的感觉。

在餐厅里，我发现男服务员倾向于正对着桌子，瞄准最短距离向前伸出手臂将物品放在桌子上。而女服务员则侧对着桌子，伸出手臂自然而然地将物品放桌子上。因为这两种方式只要经过培训任何人都能做到，所以我也不敢百分百肯定，但大概率是有这种倾向的。

行为模式不同代表大脑的认知也不同。

女性的行为模式是自然而然的一气呵成，而男性则采取"一去一回"两个呈锐角形的动作。因此，男性很难理解女性的行为模式。

丈夫不善解人意是冤枉的

也就是说，即便妻子的行动会进入丈夫的视线，但对丈夫的大脑来说，就像是看到情景一样视若无睹。眼前妻子正在给孩子换尿不湿，看着这样的情景，丈夫完全认识不到"因为孩子翻了个身，所以妻子无法拿到纸巾，需要帮忙"。

就像你坐在咖啡馆里看着外面的车水马龙一样。即便看到了汽车打算变换车道，但你不会对此有任何的反应。

丈夫并不是对妻子漠不关心，而是行为模式不一样。在使用一个动作的女性看来，使用两个动作的男性的行为模式非常好懂。妻子会根据丈夫的举动在适当的时机给予帮助，但是丈夫却做不到。因此，妻子就会认为丈夫不爱自己、不善解人意。

综上所述，"丈夫不善解人意"完全是被冤枉的。

既然丈夫意识不到，那妻子就明说好了。

拿不到纸巾，就直接对丈夫说："请帮我拿一下擦屁股纸。"如果想让丈夫快点去扔垃圾，不要打哑谜地说"今天是垃圾回收日，看来会下雨呢"，应该直截了当地说"看样子快要下雨了，赶快去扔垃圾"。不要絮絮叨叨地讲"这个事那个事"，要直接告诉丈夫"我现在心情很不好，赶快说点体贴的话安慰我"。

如果因为丈夫不够体贴就怀恨在心，因为丈夫不善解人意就唉声叹气，这样浪费时间真是太可惜了。刚结婚的时候妻子这样可能丈夫还觉得挺可爱的，但是以后就很难说了。

宣传活动很重要

同样的道理，丈夫不知道家里到底有多少家务活。

丈夫对妻子家务活的认知恐怕只有1/3，放言自己已经"干了一半家务"的丈夫事实上只干了1/6而已。当然丈夫并没有恶意。

就说扔垃圾这件事吧，我们要经过好几道工序才能整理出一袋垃圾。在《如何理解老婆的脑回路》中我也提到过"扔垃圾"大概需要10个工序，分别是准备垃圾箱、准备垃圾袋、分类、给袋子扎口、确认袋子有没有破损等。

一位中年男性读者对我说:"黑川老师,看了你写的书,我才知道扔垃圾竟然也有如此多的准备工作。昨天是星期天,我在二楼休息时听到楼下传来了吸尘器的声音。当时我就想,妻子都做了那么多家务了,还要再用吸尘器认真打扫,顿时觉得妻子好辛苦,我也不知道为什么会有这么神奇的感觉。"

由此可见,理解是多么重要。

因此我经常会为自己做宣传。把自己要做的事告诉丈夫。"我今天打算一边洗衣服一边做饭,再利用间隙写一篇随笔,做鸡肉盖浇饭,冲个澡,然后去买东西,啊对了,在出门之前还要把报纸捆上。"然后在做每件事之前我都会跟丈夫说"接下来我要做××了",做完后我还会说"××干完了"。这样做既简洁明快又没有强加于人。

有时丈夫会用"哦"来回应我,偶尔还会过来帮忙。当我喊丈夫帮我"晾衣服"或者"把报纸拿出去扔了"时,他也会痛快地回答"好的"。

如果妻子什么都不说,只是默默地做家务,丈夫在突然听到"请把这个拿出去扔了"的请求时,丈夫的反应肯定是"啥"或者"等一会儿",所以说宣传很重要。

给丈夫分配家务,你会重新爱上丈夫

丈夫(顶多能认识到一半的家务)不了解家务的整体状况,这是导致夫妻争吵的根源。因此,应事前决定好如何分担家务。

比如在我家里,丈夫负责清理浴缸、煮荞麦面、煮意大利面、栽培香草、擦玻璃、洗碗。

我建议妻子筛选出"如果丈夫帮忙,会使自己轻松很多"的家务。比如"晚上睡觉前,将米淘好放在锅里预约煮饭"这件事,因为忙于家务,妻子在晚上又要给孩子洗澡,又要准备孩子明天上学需要的东西,常常是钻到被窝里才发现忘了煮饭,于是不得不从被窝里爬出来,这会使人很有压力。如果丈夫能帮忙预约煮饭,那妻子一定会特别高兴。但也要准备好冷冻米饭,万一丈夫忘了还能保证有饭吃。上司要将"下属的疏忽"放在考虑之中。

让丈夫做一些"真正能够帮助到自己的家务",会提高丈夫的存在价值。请一定仔细筛选几样家务交给丈夫。

在让丈夫做家务之前,可以先尝试一下我刚才提到的宣传活动。当丈夫了解到妻子一天都做了这么多家务后,妻子再说:"如果你能帮我预约煮饭,真是帮了我的大忙,拜托了。"这样丈夫更容易接受。

我有一位朋友说她让"丈夫担任库存管理员"。多数情况下,各种调料、咖啡、红茶、茶叶、牛奶、各种洗涤剂、卫生纸、纸抽……大概数十种家庭用品的库存管理全部依赖妻子的直觉。

尽管仅凭直觉就能完美地掌握库存状况的女性大脑真是让人钦佩,但也不排除有时会忘买番茄酱,或者多买一瓶调料的事情发生。我朋友的丈夫则利用库存管理软件,将厨房的柜子做了整理,给每个抽屉都贴上标签,将物品管理得井井有条。妻子在购物时,打开这个库存管理软件,需要买什么都一目了然,只要买东西时确认过软件,就一定不会出现跟丈夫买重复的情况。她笑着说,真是对丈夫刮目相看。

每位妻子都有让自己感到压力的家务事。不妨就把"这样的家务事"都交给丈夫,然后重新爱上自己的丈夫吧。

第三章

将"过分的丈夫"变成"体贴的丈夫"的方法

仅仅增加夫妻间的交流还远远不够，还有一些需要解决的问题。

本章将为大家讲述夫妻间更深层次的沟通问题。

邪恶的大脑

在前一章中我提到"大脑的每个机能都是有用的"，但事实上，大脑也有邪恶的一面，比如通过贬低他人来提高自己的存在价值，故意去伤害他人。

有的人会过分在意输赢，丝毫也不尊重他人。故意说让人泄气的话，或是散布谣言扰乱人际关系。

大脑能够对相互作用的刺激感到兴奋，这是为了感知外界和更好地生存。让自己的存在和行动对他人（可以是人、也可以是物或者组织）产生影响，再从对方的反应中获得快感。

正常来说，人们都喜欢积极的影响力（憧憬、幸福），但也有人喜欢消极的影响力（恐惧、混乱）。

这样大脑也有它的好处。因为邪恶的大脑不那么敏感，所以即便身处逆境也绝不气馁，会做艰苦的工作，既坚韧又强壮。

为什么会有这样的大脑并不属于我的研究领域，但是我知道这样的大脑对人类的发展必不可少。因为有需求所以才会出现，这就是生态系统。

虽然人类社会需要这种大脑，但是如果将这种大脑套用在亲子以及夫妻关系上就很麻烦。小学生的话，对自己喜欢的人只是欺负一下而已，但是长大后邪恶就会变成隐藏在"爱"的阴影之下的"毒针"。

不给爱人自由（以爱的名义），将对方的优点说成缺点，剥夺爱人的天真烂漫（美其名曰"都是为你好""世间险恶"，或者只是想让对方离不开自己），炫耀自己的工作多么重要（"去幼儿园接孩子？没时间，我还要参加很重要的会议"）。甚至这样仍觉得不够刺激，还会进一步更加露骨地伤害对方。

在当事人的大脑中，这是"一心一意的爱"也是"我很厉害的证明"，但也会慢慢腐蚀爱人的心灵。

如何与有消极影响力的人相处

如果你的丈夫是这种类型的人，首先希望你能想想如何保护自己。

你喜欢他的坚韧和与众不同（有时会让人觉得很性感），他的经济能力对于家庭又是不可或缺的，那么你们在一起生活首先一定要保护好自己，当然这不是一件容易的事情。

本书是基于"丈夫性善说"而成立的，如果将本书教授的方法用在邪恶的丈夫身上，可能行不通，甚至有时还会带来意想不到的负面影响，请一定多加小心。如果你对此毫无准备，很可能会受伤，请一定不要忘记这只是一个"实验"。

当你身边有消极影响力的人时，首先请认识到"这个人很坏"。千万不要相信"总有一天一定会相互理解"。否则，无法与对自己重要的人良好沟通这件事，会使女性大脑感到很自责。最终，你的内心会失去活力，感觉人生的道路险恶无比，事业和家庭每况愈下。

这个人可能是你的丈夫，也可能是你的母亲。只有认识到是谁使你的心冻结，你的人生才能获得自由。既然如此，那就让我们做好心理准备，充分思考一下应该如何应对这样的人。

首先，你不能去追求相互理解、丰富的对话、温柔的共鸣，重点应该放在只要每天都能相安无事就好。我们做得越正确，对方就越想不择手段地获胜。如果不能获胜，就会故意伤害你。如果争论到底谁对谁错，只会落得悲惨的结果。

前几天我听说这样一件事情。有一对夫妻，每当夫妻之间意见不合的时候，丈夫就会说："你可真笨，跟你说你也不明白，算了。"真是让我火大到想赶快把那个家伙痛骂一顿（怒）。

这位妻子能够冷静清楚地解释说明事情经过，由此可见脑袋一点也不笨。她的丈夫在说出"脑袋笨"这种过分的话时，大脑的战略是"因为跟她比我没有胜算，只能用假动作（伤害）将她制服"，真是太卑鄙了。

与这样的丈夫在一起生活不要拘泥于两人一定要意见相同，当意见有分歧时，应该给他面子说"你说的确实有道理"，该退让的时候就退让，不能退让的地方也只能安慰自己"我已经努力过了，但还是没有成功"。

不是说当了夫妻就一定会意见相同，不能用意见是否一致来评测爱。

害怕失败，一心取胜

如果遇到必须得说服对方的情况，请尽量避免直戳对方缺点的说话方式，千万不要说"你的意见不行"。

比如对方提出"咱们去吃烤肉吧"，如果你回答"烤肉不好消化，不想去。最近我还有点中暑症状"，就很容易引发争执。但是如果模棱两可地回答"嗯"，也会惹对方恼火。

可以先给对方面子说"烤肉啊，不错不错"，然后用撒娇的口吻说："去吃蛋包饭怎么样？"如果再补充一句"最近每天都吃高卡路里的食物，今天吃点健康的食物吧，还可以省钱"，那就更完美了。采取"为你着想的态度"会更容易让对方接受。

有的人对于被否定过于敏感，害怕失败。如果自己提出"吃烤肉"，对方却表现的很不屑，这种害怕失败、一心取胜的心情就会引发争吵。

因此，先好心接受对方的提议，然后再提出"还可以这样"的建议，这样一来胜负就会变得模糊，对方也很难发火。更何况，装作"为你着想而提出的建议"，会让对方感觉自己取得了胜利，于是更能欣然接受你的提议。

总之就是表面上让对方取得胜利，让对方赚足"面子"。

如果你的丈夫属于这种类型的人，那么请一定试试我的方法。只要我们做好准备，就可以轻松驾驭这种对胜负过于执着，"心理年龄在小学生水平"的丈夫。

同时我们做妻子的也要扪心自问，自己有没有这种倾向（害怕失败，对说过的话非常固执）。

说实话，我偶尔会有这样的倾向。冷静想想，其实根本是无关紧要的事情，但是"我说黑，丈夫却非要说白"，对此我会感到非常生气并固执己见。

越是想求证对方的爱，越会有这样的倾向。偶尔的消极影响力或许也是爱的兴奋剂。

找丈夫商量，丈夫肯定会说"NO"

无论什么样的丈夫，只要妻子跟他说"想去工作""想让孩子上补习班"，绝大多数情况下丈夫一定会说不行。拥有强烈危机意识的男性大脑（缺乏应付突如其来的危机能力，所以不喜欢改变），在没出现问题（吃不上饭了，跟不上学校的教学进度）的情况下，只希望维持现状。

因此，我无论做什么都不跟丈夫商量。

在我决定辞职创业时，只对丈夫说"下个月我就辞职，打算自己开公司"。当然，要强调由此带来的好处（能更多地陪在年幼的儿子身边，做家务的时间也会增多），顺便还提了一下资金方面的计划。但我没问丈夫"你怎么看"。如果我这样问，丈夫肯定会给我消极的回答。丈夫是个谨慎的人，也是我家的制动器。但我现在不想让他拦住我。

跟丈夫提议时，我从来不讲任何消极的理由。如果我说"我很讨厌现在的公司，待不下去了"，丈夫就会缠住我解决问题。于是我只能笑着对他解释说:"现在风投很热门,很赚钱,我觉得现在时机正好,打算试试。"

当然,对于自己开公司我也有很多不安。但是如果我将这种不安全盘托出,丈夫一定会拦住我。因此,自己的不安只能自己去克服。

不要妄想丈夫能帮你消除不安

在一次采访中记者这样问道:"黑川女士原本是家庭主妇吧。世上有很多想出去工作,却因得不到丈夫的同意而无法出去工作的主妇。请对她们讲几句吧。"

于是我这样说道"如果你想先得到'丈夫的同意',或者想让丈夫帮忙打消自己的不安,我劝你还是打消这些念头比较好。"

当你跟丈夫商量"我想出去工作"的时候,如果你觉得丈夫会温柔地说"没问题,我会帮你做家务的,并且每周两次替你去幼儿园接孩子。你想做什么就尽管放手去做好了"那就大错特错了。

丈夫的工作也很辛苦,所以他最多也只能说"如果你能将家里安排得井井有条，出去工作也行"。

想出去工作就理所当然地出去工作。只需对丈夫宣布"今年春天开始我就要去工作了。所以那之前一定要先选好幼儿园"。

关于"接送孩子去幼儿园""分担家务"等问题，如果能事先跟丈夫做好约定，一定能消除妻子很多的不安。但这会导致丈夫的不安无限膨胀。事实上男性大脑很容易放大对未来的不安。

即便没有得到丈夫的同意，但是家庭的问题就像火灾现场一样。看到家人困扰得陷入恐慌，丈夫肯定会伸出援手，做出决定。所以如果丈夫对你说"如果你能将家里安排得井井有条，出去工作也行"，那就愉快地答应他"好的"。

列举自己一天的工作后哭泣

即便丈夫责备你说"你不是说你会安排好的吗"，也不需要任何反省。可以无视他，反问他"我不是在做吗"，或者干脆直接放声大哭。

我会边哭边说："早晨一起床我就要给孩子去幼儿园做准备、做饭，一边安抚着闹人的孩子一边送他去幼儿园，然后去上班，忙到连吃午饭的时间都没有，再去幼儿园接孩子放学，去超市采购、做晚饭，期间还要把脏衣服都扔进洗衣机里。对了，在开动洗衣机之前还要往你衬衫领子的污渍处喷上洗涤剂，让孩子吃饭，给孩子洗澡，还要读睡前故事……我真的想为家人做更多的事情。我还想把屋子收拾得干干净净。但是一天只有24小时，我要怎么做才能把这些事情全都做完呢？"

像这样"列举自己一天都做了什么"的办法非常有效。我在第二章中提到过，男性不知道女性都做了什么工作，所以他们根本不了解妻子有多辛苦。

还是新婚的时候，有一天我一边洗盘子一边悲叹道："为什么所有的事情都要我做？"早晨起床了要做早饭，准备两个人的便当，同样去公司上班，同样工作，但是下班回家后，只有我连坐下的时间都没有，一直忙着洗衣服和做饭。丈夫只会在客厅悠闲地看电视。

想到这里我忍不住哭了起来。我将自己一天的工作都列举出来，哭着说："我真的什么都想干，但是实在是累得连碗都洗不动了，好难过。"于是丈夫说："洗碗的事情就交给我吧。"从此之后洗碗就由丈夫专门负责。至今35年这种使命感仍不曾改变。

只做正面积极的解说

女人千万不要妄想丈夫会帮忙打消心里的不安，要自己做好心理准备。跟丈夫商量事情的时候，哪怕是一点小事也千万不要使用任何消极的理由。请用积极的态度跟丈夫商量。

当我想让丈夫替我去参加儿子幼儿园的郊游活动时，不会说自己没办法参加，而是以权力转让的形式跟丈夫说："今年你想不想去参加幼儿园的郊游活动？等孩子长大了，这种活动你想去也去不成了。顺便看看他平时是怎么和小伙伴们相处的。"

如果丈夫拒绝了，可能就需要坦白我实在是没有办法去。但是我的丈夫，即便知道我有"作为经营者必须参加，决定公司命运的外部演讲"，也会坦然地优先自己的"常规会议",所以如果丈夫说"不去",那我就基本没有翻盘的可能了。

我其实已经做好了遭到丈夫拒绝就放弃公司的外部演讲优先参加儿子郊游活动的心理准备。但不知道是不是丈夫察觉到了我的决心,还是想跟年轻的幼儿园老师一起坐巴士,总之他愉快地接受了参加郊游的建议。

这种正面积极的解说方法对自己的母亲以及婆婆也有效。即便她们跟你说"把孩子送幼儿园太可怜了吧"也不用畏缩,只需坦白地回答说:"妈妈,黑川伊保子老师说不同年龄段的孩子在幼儿园中一起生活是最好的精英教育。看着运动神经发达,比自己年长的孩子的举动,更利于我们的孩子茁壮成长。"

婆婆比丈夫更沉着

如果能够把婆婆变成自己的伙伴,她将是你最可靠的女性朋友。因为我想早点回归职场,所以在孩子满月后我们全家就搬到了丈夫的老家。说投奔可能更准确。我一边说着"妈妈你是我们唯一的依靠",一边投入到婆婆的羽翼之下。无论做什么事情我一定会尊重婆婆的意见。而婆婆因为"不懂现代的育儿方法",所以遇到任何事情都会跟我商量。我的儿子完全是我和婆婆齐心协力带大的,所以我也没什么可炫耀的。

婆婆起初反对将孙子送去幼儿园,说那样做孩子太可怜了。但是当儿子会走路之后,有一天婆婆突然对我说:"给孩子在幼儿园报名吧。"据说婆婆去附近的幼儿园视察过很多次。看着孩子们在操场上快乐地玩耍,心想"我没办法陪孩子那样玩耍,现在的幼儿园真干净,看起来还挺好的"。

婆婆不是敌人,所以干脆和她统一"战线"也是一个好办法。"妈妈,你能不能跟我一起去考察幼儿园?我怕自己去难免在哪些方面会有疏忽。"最好像这样从一开始就将婆婆也卷进来。自己的想法和不安都可以说给婆婆听。婆婆远比丈夫更加沉着冷静。

千万不要把自己的不安说给丈夫听。丈夫只会是你想做任何事情时的绊脚石,对此我深有体会。

一旦事情开始之后,对于一筹莫展、进退维谷的家人,丈夫不可能袖手旁观。如果丈夫在这种时候依旧冷酷无情袖手旁观，那么这样的丈夫不要也罢。

我曾有一段时间把自己当成是单亲妈妈，把丈夫设定成"不知为何会帮助我育儿的朋友"，在育儿路上变得愈加主动。而且，站在单亲妈妈的视角，会感觉丈夫其实帮了很多忙（笑）。对于既不帮忙又不说话的丈夫，这个幻想真的不错。

使用引人注意的口号来代替牢骚

女性在表述自己的想法时常常从发牢骚开始，因为她们希望对方可以先了解自己"悲惨的现状"以及"悲伤的心情"。

但如果对方是自己的丈夫，这样做可能会起到反作用。因为先说结论会使丈夫更容易理解。

不过一个认真的主妇恐怕很难说出"今天不想做饭，只想懒洋洋地待着"这样的话吧。

对于很难说出口的话，我会在前面加一句引人注意的口号："为了全体家人的幸福，我决定不做饭了。"如果他们问"怎么了",我就直说,"今天特别累,如果再做饭,肯定会心情焦躁,然后乱发脾气"。于是丈夫和儿子就像发现了炸弹一样,默默撤退后自己搞定晚餐。

如果换成抱怨的形式,对方一定会说"辛苦的不是只有你""我也很忙啊"之类的话,反正肯定不会说你想听到的安慰话。

正面积极的解释加上引人注意的口号,就能轻松获得自己想要的结果。实际上"装作柔弱的样子撒娇"这个办法也很有用,但是如果经常使用的话则会被丈夫看低,在商量重大事情的时候难以得到丈夫的同意。

不过,偶尔撒娇说"这个我够不着""好疼,快帮帮我",可能更有利于夫妻之间的感情交流。就在距离正在写稿子的我两米远的位置,儿媳抓着纠缠在一起的发梢对自己的丈夫也就是我的儿子说了上面的话,结果儿子马上飞奔过来,耐心地帮她把发梢解开,现在两人正在卿卿我我呢。

我就是过于依靠自己,缺少了柔弱的一面,这点我应该反省。即便你比丈夫可靠100倍,也应该偶尔跟他撒娇说"这个做不好"。

擅自一体化的丈夫

丈夫会无意识地将妻子当成是自己的母亲或者下属对待也是有原因的。

男性大脑的身体扩张感很强。他们会将汽车和工具当成是自己身体的一部分。如果汽车轮胎压到了小石子,他们就好像自己的脚踩在了小石子上一样能够切实地感觉到。汽车的尾部对男人来说就像自己的牛仔裤的裤兜一样。使用扳手和刀具等工具时也同理。因此,他们在操作机器时毫不犹豫、动作娴熟。

年幼的男孩子会一直盯着玩具小汽车一边发出滴滴嘟嘟的声音开动小汽车(一天玩到晚也不厌烦),正是因为身体扩张感,男孩子才痴迷于运动的小汽车。他们的大脑喜欢有机关的物件。有机关的物件=大脑想获得机器和道具。

年轻时我对波伏娃女士的名句"女人不是天生的,而是后天形成的"感触颇深,但是后来在养育男孩子时我发现"男女生来就有明显的性格差异"。很少有女孩子整天沉迷于玩具汽车和电车,离不开铁路的。但是绝大多数男孩子都会沉迷于汽车和电车。

身体扩张感比较强的男性大脑把妻子也当成了身体的一部分。因此他们既不会表扬也不会道谢。就像我们不会跟自己的胳膊说"干得太好了",也不会跟自己的心脏说"谢谢你每天为我工作"一样。

但是一旦妻子先走一步,他们就像失去了身体的一部分一样深受打击,慢慢衰弱。丈夫既不会道谢也不会安慰人,如果失去了妻子,马上就会追随妻子西去。体贴的丈夫和平时没话但是追随妻子死去的丈夫相比,可能后者更爱妻子吧。

能干的妻子就是丈夫的"手"和"脚"

尤其是反应灵敏,对丈夫言听计从的妻子,就像是优秀的工具,但这也更容易使夫妻关系陷入危险之中。因为丈夫的大脑认为妻子是"优秀的工具",所以当工具没有发挥它应有的作用时丈夫就会很生气。就像一把锋利的剪刀,突然就不好用了,会让人感到生气。这两件事是一个道理。

丈夫一说"喝茶"就能马上端出香浓好茶的妻子突然不听话了,丈夫会感到特别气愤。而平时连茶都沏不好的妻子突然会沏茶了，丈夫反而会表示感谢。可能你会觉得这太没道理了，但大脑的认识就是这样的。

在面向男性读者的书中我提醒道，不要将妻子当成道具，不要使用类似"喝茶""洗澡"这样的单词来发号施令。

当我把这件事讲给一位50多岁的意大利男性（我的意大利语老师）时，他表示非常不解。不是因为我的意大利语说的不好，即便我中途换成日语解说，他也没能明白我的意思。

后来我才知道他为什么没有听懂。因为在意大利，即便是跟咖啡馆的店员也不会这样讲话。正常的说法是"Un caffe,per favore（请给我一杯咖啡）"。老师笑着说在意大利的家庭里，都是男性负责冲咖啡。如果跟意大利的女性说"咖啡"，她们的回答肯定是"我也要"或者"我现在不想喝"。而且在意大利，丈夫绝对不会对妻子喊"喂"，这样呼唤妻子，她是绝对不会过来的。老实说，"把脱下的袜子扔得到处都是，找不到袜子这样的事情只有小男孩才会做。"

日本的男性什么都依赖妻子。不过把丈夫惯坏的妻子也有问题。

不要扮成"好妻子"

当丈夫喊"喝茶",妻子马上端出茶。当丈夫喊妻子的名字,妻子就马上赶到。当丈夫喊"袜子",妻子5秒内就把袜子送到丈夫眼前。或许这么做是不对的。

装作一个好妻子,一旦成为丈夫的"优秀的工具",那就没有挽回的余地了。请从现在开始,当丈夫说"喝茶"时,你就直接说"我也要",何不尝试一下呢?

常年扮演"优秀的工具"的妻子,如果忽然说出这种话可能会把丈夫吓到,为了不惹丈夫发火,可以这样说:"今天想尝尝你沏的茶,都说男人沏茶比女人好喝呢。"

如果是中老年夫妇,妻子可以装作听不到的样子。当丈夫问"你没听到吗"的时候,可以非常沮丧地说:"可能是我耳朵背了吧,真是越来越不中用了。"当丈夫不再对妻子呼来喝去,也不再对妻子用单词下命令,他们就不会再将妻子当成"工具",或许还会对妻子表示感谢,或者安慰妻子。

前几天有位朋友跟我说,"我丈夫每次快出门的时候都要问我××在哪儿，××不见了之类的话，真是压力山大。"我心想她肯定是一位特别能干的妻子。

这些事情我丈夫完全能自己做好，因为我是个不中用的妻子。当丈夫问"××在哪儿"我就会慌作一团。"××在哪儿来着？哎呀，想不起来了。这可怎么办啊。我不是老年痴呆了吧？"这样几次之后，丈夫就再也不指望我了。

我家的儿媳负责帮全家找东西（她能完美解决大家"哎呀，××哪儿去了"的问题）。每次去旅行之前，她做的事前准备都非常周到，以至于我儿子非常依赖她，但是今年暑假两个人骑摩托出去玩时，儿媳只带了自己的换洗衣物，完全忘了带儿子的。结果儿子在炎炎夏日骑了一天的摩托，到了住处才发现没带换洗的内裤，据说他当时非常沮丧，并且决定"今后全部自己准备"。

儿子对她说："真没想到，就连像你这样每次都准备周全的人也会忘记……"儿媳则一脸不知所措的表情说道："我也觉得很奇怪。"但是只要结果是好的，过程也就无所谓了。我不知道对着自己的儿子说了多少遍，自己的事情自己做（至少说了20年），结果被儿媳好好地上了一课。

总是犯迷糊的妻子就无法成为丈夫"优秀的工具"。过于优秀的妻子一定要谨记，偶尔装傻和慌成一团很有必要，千万不要成为丈夫眼中那个完美的妻子。

暴露自己的弱点，相互依赖

之前我讲过，大脑通过相互作用从而获得兴奋的感觉。就是自己的存在与行动给他人（可以是人也可以是物或组织）造成影响，通过对方的反应从而获得快感的意思。

因此，人不可能永远爱一个即便没有自己也可以活下去的个体。

你可以想象一下，当丈夫说："偶尔你也出门逛逛嘛，我会照看好孩子的，家务我也帮你做"。当你回到家，房间整理得井井有条，吃得饱饱的孩子已经洗完澡正在香甜地睡觉，丈夫悠闲地喝着咖啡，看到这样的场景你真的会高兴吗？难道不会感到疏远和无聊吗？

家里物品扔得乱七八糟，厨房已经惨不忍睹，父子俩一看到自己，一个说"终于回来了"，另一个则抱住大腿喊"妈妈——"，虽然嘴上发火"怎么搞的"，但是内心却感到家人十分可爱。你有没有过这样的经历呢？

暴露自己的弱点，相互依赖。

家人的牵绊正在于此。

这么说来，我觉得专职主妇是最厉害的。她们将自己的人生全部奉献给了丈夫和孩子。对家庭来说，还有什么是比这个更好的相互作用呢？

但是，过分追求当完美主妇，就会沦为丈夫"完美的工具"，让丈夫觉得"没有我，你就活不下去"，这并非上策。

职业女性有一点要注意。如果把家务当成"理所当然的职责和义务"要求丈夫分担，那么两人就会变成同事关系。

因此，可以略带撒娇地说："如果早晨不喝杯你亲手冲的咖啡，总觉得开会都没有精神呢。"

爱情通过"索取"来积累

我认为妻子应该依赖自己的丈夫并对他撒娇。但是在女权主义者看来，在男女平等的社会中是无论如何都不应该这样做的。但是我也要对男性们说，请对你爱的人撒娇。

男人也应该适当暴露自己的弱点。

比如奥特曼。为了拯救几万光年之外不知名的星球上生命垂危的儿童，他冒险出发。他的妻子虽然不明所以，但是既然丈夫说这是男人的使命，那么只能对他说，请注意安全。就这样奥特曼来到了地球开始为期3个月的出差生活，他的妻子并不会因为这点小事对丈夫绝望。

真正让妻子绝望的是，丈夫奥特曼从来不暴露自己的弱点。偶尔回家也只会默默吃饭，然后再次出发。妻子不知道自己为什么要在这里，感觉自己已经远离丈夫的人生。

这时奥特曼需要向妻子吐吐苦水并寻求妻子的安慰，比如，"今天被怪兽踢到了屁股，真的好疼啊。"

"亲爱的，你没事儿吧，来我给你吹一吹。"

"谢谢，多亏有你，我又能继续战斗了。"

如果可以这样心心相通，那么丈夫就会变成妻子心目中不可或缺的存在。

付出比索取更能使爱变得强大。孩子之所以宝贵，是因为你赋予他生命，喂他吃饭，还要一直照顾他。猫咪可爱也是因为需要长时间的照顾。

既然如此，何不用索取的方式来获取丈夫更多的爱呢？

同样的方法也适用于孩子。母亲也可以向孩子倾诉烦恼。让孩子看到妈妈在他的鼓励下重新振作起来。

"真不想写分析资料啊。如果你亲我一下，可能我就有力气了""想不好要取个什么名字好，你把从a开头的词语都说一遍吧""这种情况下，男孩子会是什么样的心情呢"。

我儿子会完美地满足我的无理要求。并且我越依赖他，他就越爱我。

需要注意的是，不要过分地付出和索取。付出是为了感受"因为有我，所以这个人才能活下去"。索取是为了让对方感受"因为有我，所以这个人才能活下去"。"因为有我"是提高个人肯定的最好方法。请将这个好方法也送给你的家人吧。

小心名为"什么都想为他做"的病

付出会使人心情愉快并获得自我肯定。因此，女性很容易犯"什么都想为他做"的病。使丈夫"离开妻子连内裤都找不到，茶水也不会沏"的终极原因，正是妻子在这样做的同时得到了自我肯定，心灵获得了满足。

可能有的家庭是丈夫积极地希望妻子什么都帮他做，有的家庭是妻子主动助长了丈夫的这种情绪。我在刚结婚不久的时候甚至连袜子都想帮丈夫穿，所以我非常理解这种心情。万幸的是，我的能力不足以使我伪装成"完美妻子"来惯坏自己的丈夫，而且我也没有那么多的时间，所以也就适可而止了。尽管如此，当我跟今年春天就退休的丈夫说"请帮我煮一下米饭"，丈夫问"应该放多少水？把锅放这儿就行吗？什么时候按煮饭按键"的时候，我还是大吃一惊。我家使用带煮饭功能的煤气灶已经有12年了，我竟然一次都没让丈夫煮过饭。

因此，请刚刚结婚的女性谨记，如果自己一不小心把所有的事情都做了，其实就是剥夺丈夫和孩子在生活中获得自我肯定的机会。尤其在新婚燕尔、兴致高昂的时候请一定要自我控制，并尽量去依赖自己的丈夫。

如果对丈夫感到很生气，能干的妻子就会想"我自己什么都能干，不需要你的帮忙"，但这绝不是正确的策略。你越是认为丈夫什么都不帮忙，对家人没有感情，越应该使用"索取"战略。

正是因为你"索取"得不够多，才导致丈夫变得"懒惰、无情"的。

对于"无情"的丈夫，需要妻子在其背后推一把。这才是女人应该坚持的地方，也是夫妻缘分的分水岭。

如果没有你，我将活不下去

将自己做不好的事情明确告诉丈夫，表现出"如果没有你，我将活不下去"的样子很重要。比如不会煮荞麦面，不会预约录制电视节目，不会倒车入库之类的小事就可以。

我家的这件小事是"不会换灯泡"。笨手笨脚的我不擅长拧螺丝扣。连果酱瓶盖我都盖不好，更何况是向上拧的灯泡了。

因此，每次卫生间的灯坏了，我就等丈夫回家换灯泡。"如果没有我，你可怎么办""所以你得长命百岁"，这就是我们经营爱的方式，但是没想到时代变了，LED已经取代了旧灯泡。上次换过的LED灯据说能用20年。我已经无法判断是丈夫会先死还是灯泡会先坏了。

我现在都拜托他做别的事情。煮荞麦面、冲咖啡、清理浴缸、熨衣服都是他擅长的项目。修复盘子缺口的手艺更是大师级别。他在阳台栽培的香草，是我做菜时不可或缺的作料。没有丈夫我连预约录制电视节目也不会，穿和服时更是离不开丈夫的帮助。

一开始我装作"如果没有你，我将活不下去"只是一种策略，但现在我是真的这么想了，丈夫是我生命中无可替代的存在。

夫妻间的"无可替代"源于小事

无可替代这个词意味深长，如生命一样沉重。

家长认为孩子是无可替代的不需要任何条件。因为孩子的存在本身就是无可替代的。如果可以阻止儿子遭遇不测，哪怕让我马上献出生命我也在所不惜。从第一次将他抱在怀里那一刻起至今28年，这种心情未曾有一丝改变。

刚开始恋爱时男女都会认为对方是"不可替代的存在"，但是结婚之后如果不认真经营，这种感情就会慢慢枯萎。就像植物一样，必须精心培育才会茁壮成长。夫妻间依靠的是日常的关怀和帮助。你依赖我、我依赖你，这样才能成为对方无可替代的存在。

虽然"无可替代感"很沉重，但是保持这种感觉的秘诀却源于日常生活中一些无足轻重的小事。正因为如此，经营夫妻关系并不容易。

对于忙得焦头烂额的我来说,丈夫默默递上一杯热咖啡,这种心意就是无可替代的。在马上要去长期出差的早晨,丈夫用刚冲好的咖啡为我送行,这时丈夫的心意也是无可替代的。尽管他没有说"我会想你的"或者"加油",只是默默地递上一杯咖啡,也仍然传达着他无声的支持。

或许有人觉得这未免太小看丈夫了吧。但不会说体贴话的男人却将自己的体贴传达给了妻子。这更能让妻子感觉到"如果没有你,我将活不下去"。

因此,装作有一点笨拙有一点无助的样子,又有什么不好呢?

临行前的拥抱

这是我们夫妻都50多岁的时候发生的事情。

有一天我突然意识到"我已经很久都没有碰过丈夫了"。这样下去可有点不妙。如果今后我都不碰丈夫,等到他老了需要我看护的时候,突然触碰他的肌肤我不会觉得很恶心吗?所以我要从现在开始养成和丈夫身体接触的习惯。

于是，我决定在早晨送丈夫上班的时候给他一个临行前的拥抱。相互轻拥，右脸相贴。以前给儿子做国际化的教育培养（为了他在国外的时候能机敏地应对）时，我们母子每天都要拥抱，但是从没带过丈夫。

而且当时我在学习阿根廷探戈，每天都要拥抱。阿根廷的舞蹈老师无论男女都会以亲密的拥抱来迎接学生（相互贴脸的拥抱），再以拥抱来结束课程。这会给人一种一生只见一次的感觉，让人格外珍惜。他们从地球另一端远道而来，非常幸运与我相见，真是太好了，这种感觉每次都会通过拥抱传达到我的内心。

因此，我也要用拥抱向丈夫表达"认识你真是太好了"。

起初拥抱时我并没有那么愉快，丈夫也不太情愿。但是我对丈夫说："这样下去，恐怕等你老时我很难照顾你，你也不希望这样吧。"于是丈夫才顺从接受。

刚开始时我俩都畏手畏脚的，但当拥抱的次数超过100次时，拥抱变得灵活多了。当拥抱次数超过1000次时，即便在外面分别（比如在家电商场的相机或者电风扇卖场分别）的时候，我们也会不经意地互相拥抱。坚持就是力量。在外人看来，这对夫妇是有多么在乎对方啊。

即便从形式主义出发，慢慢地也会诞生出感情。在这样的身体接触过程中，我和丈夫产生了不同于以往的亲密感。"看起来多么在乎对方的夫妇"变成了"真的非常在乎对方的夫妇"。当然这种关系还有待继续发展。

因此，希望大家也能养成夫妻身体接触的习惯，先从小事开始。

如果觉得临行前的拥抱太让人害羞了，那么握手也可以。

1 万次握手

前段时间我有幸与藤龙也先生对谈。

藤先生完全看不出已经快80岁的样子。据说比他大6岁的妻子已经80多岁了。

有一次，藤先生特别想摸一下妻子，于是轻轻碰了一下她的手腕，妻子问："怎么了？是不是蹭上脏东西了？"藤先生回答："嗯，是有点。"藤先生腼腆地笑着说道，虽然他们夫妻二人关系还不错，但到了这个年纪，摸一下妻子竟然还需要理由。

还有一次回到家，藤先生看见妻子正在沙发上睡觉。他突然感到强烈的不安，甚至还特意去确认妻子有没有气息。

于是藤先生下定决心，以后每晚在睡前一定要相互握手。到了这个年纪，彼此在睡觉时发生点什么都不奇怪。也许这是人生最后一次握手呢。

他们每晚都进行晚安握手。"然后我发现，"藤先生说，"妻子的手好美。当然妻子的手已经青筋暴出不再年轻。但是我却感觉格外美丽。即便眼前有一双年轻女性的纤细手指，我都完全不觉得美丽。妻子的手是那么可爱，有时甚至会让我热泪盈眶。"

我被感动得一时说不出话来。

妻子的意义，在这里已经到达极致。

各位读者不用等到80岁。就算从退休（60岁）开始，到90岁之前也可以跟你的伴侣进行1万次的握手。可以握1万次手的对象，人生中还有谁是这样无可替代的呢？

婚姻的真相

即便不去证明自己有多能干,妻子的价值也不会改变。对男人来说,妻子是独一无二的存在,没有男人会拿妻子去跟其他女性做比较。就像母亲是个独一无二的存在一样。在孩子看来,无论自己的母亲多么恶劣,都不想让其他人来代替。

对丈夫来说,当对方成为妻子的那一刻起她就是自己无可替代的存在。他们的这种心意比妻子还要坚固。因此,他们不知道妻子需要"日常关怀",也不会在意妻子的心情,只会悠闲地过日子。这样想的话,整天喊着"喝茶"的丈夫也变得可爱了许多。

成为妻子时,女人就切实地获得了不可取代的东西。

女性的理想是永远当"某个人的恋人",但是给一个男人既当妻子又当恋人是不现实的。女人必须只选择一个,但是丈夫无论有没有觉悟都会毫不犹豫地选择前者。

不要把丈夫放在恋爱的延长线上,丈夫只是家庭的一个成员。将恋爱的光芒换成家庭的羁绊。你在家庭中感受到的这种无可替代的感觉最终都将演变成对丈夫的爱。这种爱可能既不甜蜜也不会光彩夺目,但是会深深浸透到你的内心。或许这才是婚姻的真相吧。这是只有夫妻才能体会到的时间的流动。

不要强人所难,不要让好不容易到手的爱陈腐化,不要用"体贴的话语"和"察言观色,适时帮助"来衡量爱。所有的婚姻一定都源于女性的智慧和努力。就像我在第一章中提到过的那样,因为神总想将两个人分开。

每一位阅读本书的妻子一定都在努力经营自己的婚姻。不过我也还走在婚姻这座独木桥上,有时也会特别厌烦自己的丈夫。因此,有这样情绪的人不只有你自己,让我们一起努力获得幸福吧。

第四章

大脑是如此麻烦的家伙

在本章之中，我想为大家讲一讲大脑所制造出的人际关系的微妙之处。

大脑会制造夫妻之间的争执，还会给人际关系制造嫌隙。虽然心里明白"丈夫的使用方法"，但是仍然会厌烦丈夫，因此大家不妨将我的建议当作是厌恶丈夫时缓解压力的甜点吧。

是不是患了卡桑德拉综合征

大家听说过卡桑德拉吗？

她是希腊神话中特洛伊的公主。太阳神阿波罗非常爱慕卡桑德拉，赐予她预言的能力。但是卡桑德拉拒绝了阿波罗的爱，于是被阿波罗诅咒"没有人会相信你的预言"。虽然拥有真正的预言能力，可是却不被相信，对卡桑德拉来说无疑是巨大的压力。

我稍微可以理解卡桑德拉的心情。当我发现语感的真实面目其实就是发音时的体感时，曾被人痛骂，我的发现也被封杀，因为我既不是"博士"也不是"东大或者更高等的国外超一流学校毕业生"。后来我将我的发现写成书，一位阅读了这本书的意大利语言学者曾讽刺我："发现这件事情的并非亚洲的一位女性，而是苏格拉底。"但正因为这件事，反而让世人认可了我的发现。

我知道真理，但是却因为出自我口，这条真理就无法传达到真正需要它的人那里。我要对"真理"致歉，"都怪我发现了你"，如果自称是"苏格拉底的发言"就能让大家信服，那么就这样做吧。"苏格拉底说过……，出自柏拉图的《克拉底鲁》。"仅需如此，就能让一直以来对自己紧闭的大门打开。有时因为对方非常容易就相信了，我甚至说："给你发一份文献的复印件吧，要不直接拿原文给你看也行啊。"但每次对方的回答都是："啊，不用不用。"

人到底相信什么。与自己的发言被封杀时相比，见到那群轻易就相信苏格拉底发言的"被称为是优秀的人们"时我更伤心。因为我以后再也没办法相信人类了。

即便如此,我还是感觉有苏格拉底在真是太好了。如果没有苏格拉底,那么到现在我可能还会被别人认为是"卡桑德拉"呢。

有一种称为卡桑德拉综合征的症状,它采用了悲剧公主的名字。这是拥有阿斯伯格综合征丈夫的妻子常常出现的一种压力症状的总称。具体表现为先是慢性疲劳、失眠等,接着就会演变成偏头痛、眼泪停不下来等强烈的压力反应。

患有阿斯伯格综合征的人群,他们的共鸣能力特别差。在其身边的人完全无法得到他的共鸣。跟一个不能共鸣,也不会注意到自己有多么用心的人在一起生活,对女性的大脑来说是一件非常非常残酷的事情。

但是阿斯伯格综合征的丈夫既没有家暴,也没有外遇,更没有沉迷于赌博,行为端正,所以在世人看来他没有任何问题。多数情况下其本人以及周围的人也不会注意到他是阿斯伯格综合征患者。于是妻子的诉求就变成了"单纯的撒娇"或者"幸福的牢骚",根本没有人会在意,最后妻子就会丧失自我肯定,无法控制自己的自律神经。很多妻子被诊断为"更年期障碍或抑郁",不得不服用精神药物。

如今,即便没有阿斯伯格综合征那么夸张,但是共鸣能力特别差的人正在不断增加。正常情况下听人讲话并不需要下意识地怎么样,只要和讲话的人节拍一致,自然地点头,或随声附和就好。

但是有的人偏偏不会点头,也不会适当地用"原来如此""嗯嗯""是啊"等话语来随声附和。他们总是没办法和周围保持步调一致,甚至连拍集体照时都不会露出笑脸。

尽管本人并没有恶意,但在周围的人看来他们总是"一直板着脸,不听别人说话,对周围没兴趣"。如果是在职场,大家就会对这样的人敬而远之,而其本人则会感到很受伤,说出"这个部门让人心情不舒畅,上司不理解自己,不肯用心指导"之类的话。

如果自己的下属是这样的人,上司也容易患上卡桑德拉综合征。因为不管怎么和蔼地指导他,他都不会点头,如果问他"你在听吗",对方反而会恼羞成怒地说道"我当然在听啊,我人不都在这儿吗"。

如果职场上某个优秀的领导精神崩溃了,那他身边一定有一位"不会点头的下属"。而且,共鸣能力差的年轻人今后还会不断增加（理由我将在下文中详细阐述）。在说这个人有病之前，应该先怀疑他是不是患上了卡桑德拉综合征。

如何与有共鸣障碍的人相处

卡桑德拉综合征是生活在阿斯伯格综合征患者身边才引发的症状的名称。具体表现为缺乏自我肯定、失眠、偏头痛、恐慌等。

阿斯伯格综合征是发育障碍的一种，对日常生活没有影响，并不属于精神障碍。单纯表现为共鸣能力差。

正常人在听人讲话的时候，会无意识地跟对方统一步调，或点头或做出别的（一起歪头、举手等）共鸣动作。这种共鸣感会让对方放心。但是阿斯伯格综合征患者却很难做出上述反应。

因为不能跟人共鸣，所以他们既无法理解别人的想法，也不会推测对方的意图。没有默契，不适应集体行动，人际关系也被疏远，却十分厚脸皮。

在周围人看来这就是个"神经大条且任性的家伙"，但是本人却完全没有意识到这一点。不仅如此，因为搞不清楚周围人的想法和状况，他们还会非常神经质。具体表现为固执地遵守规则。因为跟不上周围变化的节奏，所以遵守规则是他们唯一的依靠。

因此，他们一旦定好的事情就很难改变，也不能容忍擅自不遵守规则的人。比如"今天雨下得很大，就不去扔垃圾了"，这是生活中一个非常常见的对于突发事件的特殊处理情况，但是却会让阿斯伯格综合征的患者恼羞成怒。他们也不能接受对方撤销之前发言的行为。比如本来说好"想吃意大利料理"所以出门，如果在途中对方提出"还是想吃中餐"，这时阿斯伯格综合征患者就会特别不高兴，并揪着"你不是说想吃意大利料理吗"这句话不放。无论哪种情况，在他们的大脑看来无异于"世界观遭到破坏"，因此引起了轻微的恐慌。如果知道这一切都是因为他的大脑结构造成的，就会觉得其实他很可怜，但是对妻子和下属来说，这却很让人受不了。他们完全不懂得安慰别人，对他人漠不关心，还会因为生活中的一些特殊情况恼羞成怒，对口头约定的事情揪住不放。

但也正因为他们的大脑不会被周围的想法所左右，充满好奇心，所以他们拥有非比寻常的集中力，很多人都成了理科天才或者一流运动员和工匠。在我看来，优秀的理科男中百分之七十都是轻度的阿斯伯格综合征患者。但事实上，如果没有这种类型的大脑，科学技术也不会发展进步。

还有很多虽然算不上是真正的阿斯伯格综合征患者，但是同样患有共鸣障碍和固执于规则的男性。他们也希望给周围人理解和爱。他们并非没有爱心和关怀，只是存在共鸣障碍而已。如果妻子抛弃了他们，他们一定会就这样静静地走向衰亡。实际上他们也是依赖妻子的细腻丈夫呢。

治疗卡桑德拉综合征的最好办法就是先了解上述事实。不是因为自己不好，丈夫才恼羞成怒，也不是因为丈夫对自己不够爱和体谅，而是因为他的大脑的神经信号有这种倾向而已。

近年来，接近于阿斯伯格综合征的共鸣能力差的年轻人（共鸣障碍者）确实在不断增加。

这大概是由于母子间的共鸣动作减少造成的。

我发现在最近20年来，当婴儿发出喃语时不做任何回应的母亲越来越多。喃语指的是孩子在正式说话之前的阶段发出的"咿""呀"之类的声音。事实上，只有对婴儿的喃语给予回应，才会给孩子的交流能力打好基础。

并且，母亲具备各个高度的音程[①]。当婴儿发出高音"呀"的时候，母亲可以用高声来回应"呀，是什么意思"，当婴儿发出低音"咿"的时候，母亲可以低声回答"咿，对吗"。婴儿的反复发音与音程高低并不只是人类的专利，座头鲸也拥有这项技能。动物以声音作为交流手段，对于他们的大脑发育来说，这是必不可少的输入和输出。

还有在哺乳过程中，宝宝能够通过母亲的表情和温和的话语掌握共鸣的动作。

在人类漫长的历史中自然养成的这些母亲的动作，在近20年来却严重减少。我在乘坐公共交通工具时也会发现无视婴儿喃语的母亲。回头一看，原来母亲正专心致志地玩手机。可能哺乳时也这样吧。

我要对年轻的母亲们发出警告，这样下去只会越来越离不开手机。恐怕今后共鸣障碍者会越来越多，以至于学校和

---

① 指两个音级在音高上的相互关系，就是指两个音在音高上的距离而言，其单位名称叫作度。

企业不得不研究对策来解决这个问题。老师会对没有反应的共鸣障碍学生感到心碎，最终患上卡桑德拉综合征。拥有共鸣障碍部下的上司也是同样。越是志存高远的人越容易受到伤害。社会整体必须对此有所认知，否则终将酿成大祸。

男性落入的陷阱

男性大脑会在无意识中观察空间的各个点，了解"空间"。

在长期狩猎中进化的男性大脑会在无意识的状态下掌握自己所处的空间的大小，以及该空间的各种物品的位置关系。

不管远处飞奔而来的是猎物还是敌人，男性都能瞬间察觉，因为他们需要正确预测该物体的运动轨迹以及到达时间。也正因为这种掌握空间的能力，才让他们在既没有地图也没有GPS的时代能远赴没有标识的荒野，也能顺利回到家人的住处。

无论眼前是一望无际的开放空间，还是餐厅这样的封闭空间，男性大脑要做的事情都一样。那就是仔细观察眼前这广阔的空间从而掌握整体状况，对远处移动的物体会格外注意。

这是优秀的男性大脑的特征。察觉危险，将猎物带回家，这是擅长战略战术的大脑非常自然的行为。

但是，这种行为有时也会引发争议。

前几天我在婚姻活动事业的会议上进行了演讲。

参加会议的是在婚姻活动事业中担任"媒人"的各位志愿者。我演讲的主要内容是在指导年轻男女方面"男性和女性的心理有哪些不同"。

在演讲中我这样建议道："在餐厅里，两个人来到靠墙的双人座，这时一定要让女性坐在靠墙的位置。如果男性坐在靠墙的位置，肯定会出麻烦。"

因为靠墙而坐可以将整个餐厅的面貌尽收眼底。男性的视线就会游荡在餐厅的各个角落，无论是推门进来的女性，还是奔走于各个餐桌之间的服务员，都能精准定位。

这是"在狩猎中进化的男性大脑"的自然行为，但是在浪漫模式的女性大脑看来，确实"对自己不专心，不喜欢自己"。

总之女性大脑可以一直专注于眼前"一动不动的物体

或者相对行动缓慢的物体"。这是因为长期以来她们都需要守护住所，照顾不会说话的婴儿。

在以前还需要人工来组装精密仪器的时候，支撑生产线的人都是女性。因为女性更擅长长时间将注意力集中在手头的工作上。

当然，并不是说男性大脑不擅长精密的工作。制作传统工艺品的工匠很多都是男性。但是，长时间心无杂念地将精神集中在这种精密工作上还是女性更擅长。

女性会在约会时将自己的这种能力应用在男朋友的身上。她们会一直盯着对方，甚至不放过男朋友的每一个呼吸。在这样的女性面前，如果偷看别的女性，或者对她说的话心不在焉，就太不礼貌了，对吧？

因此，男性千万不要把自己陷入这般境地。约会的时候请不要担心会被刺客袭击，在餐厅里一定要让女性坐在靠墙位置，自己则面墙而坐。

同时，这也是一种绅士礼仪。如果让女性坐在人来人往、传送菜品的外侧，可能会导致她裙子被弄脏或者被烫伤，让女性坐里面其实是对她的一种保护。

当我说到这里的时候，会场里传来一片"啊"的叹气声。后来他们跟我说在相亲活动配对时，女性拒绝对方最多的理由就是"这个人对我不专心，总是偷看别人，难道不是因为不喜欢我吗"，媒人志愿者们平时经常提醒男性要"对眼前的女性专心"。

就算媒人提醒了，但是潜意识瞬间采取的行动是显意识无法阻止的。因此，在相亲的时候，必须给男性准备一个让其无法转移视线的环境。

男女在无意识状态下瞬间采取的行动是完全相反的。在女性看来，男性所谓"诚实"（确认各处安全，确保眼前重要的人的生命）的举动，实际上是"不诚实"（看别的女生）。

这个陷阱不只局限于相亲场合，听女上司讲话的男下属以及给女性顾客做企划建议的男性营业员也应注意。自己本来在认真地听讲，但对方却突然间勃然大怒地问道："你在认真听吗？"因此男人要对自己的位置（座位）多用点心思才行啊！

不知道什么是"惯例"

我最近受到了两个巨大的冲击。

活了接近60年才发现，我不仅是左撇子，还是一名自闭症谱系障碍患者。

很长一段时间我都认为自己很"普通"。虽然我隐约发现自己与"世人"稍有些不同，但是没想到我"大脑的认知方向"和"控制身体的方式"从根本上就与绝大多数的人不一样……

原来我是因为跟别人不一样，各个方面又笨拙，所以才遭到大家的厌恶。

现在回想起来，在学生时代，眼前的同学突然生气地说到"太过分了，我要跟你绝交"，这样的事情发生过很多次。我反问道"是我做错了什么事吗"，结果又被对方责备道"这就是最让我生气的地方"。这对我来说简直就是晴天霹雳，到现在我都不知道对方为什么会生气。

一直到高中时代，我都不太了解女生的谈话方式。如果对方说"我完全做不好"，正确的回答应该是"才没有呢"。绝对不能给对方建议说："这样做的话肯定没问题。"

其他的女孩子不用别人教就自然掌握了谈话的技巧。可是我却一直没有意识到这种女生之间谈话的惯例对应方法。很难创造定型的认识框架（对事物的见解、感受方式、举止规范）是自闭症谱系障碍的重要特征。

因为我有过这样的经历，所以我更能理解男性的困惑。

本来很认真地听取女性的牢骚和烦恼，并在短时间内提出了有效的建议，可是却不知为何对方突然发火说到"太过分了"。完全搞不清楚自己到底哪里做错了。由于事情发生得太过突然，以至于想不起来刚才说过了什么。如果问对方理由，对方就会哭着说"你不知道我为什么生气吗？这才是最让我生气的"，这种仿佛像被狐狸迷了心窍，被施加了邪恶的魔法，掉进深不见底的深渊一样的感觉非常可怕。对此我深有体会。

两个拥有认识倾向完全不同的大脑的人在一起生活会很麻烦。一方认为对方"肯定会这样回答"，另一方却完全不知道。更有甚者，另一方还会出于好意做出"不可能"这样的回复。

男性大脑喜欢"迅速解决问题并得出结论"，不惜打断对方的讲话也要尝试"快速解决问题"。对他们来说速度就是诚意。

但是对于喜欢"细致地观察和共鸣"的女性大脑来说，

这未免过于残酷。就好像在说"发生在你身上的事和你的想法根本不值得一提"。女性大脑会因此而感到受伤、生气，甚至哭到停不下来。

我之所以能够意识到男女大脑的认知框架（对世间的看法、感受方式）完全不同，并能够将这种差异明确地表现出来，可能是因为我本身就是自闭症谱系障碍者吧。正因为我搞不清楚世间的规范，所以对于每种说法都觉得"不错，有道理"。

我一直以来都搞不清楚自己的定位。比如运动会的赛跑，我是在长大成人之后才意识到这是一项"通过拼命奔跑来夺取名次的竞技"。而在那之前我从没想过"要获胜"，所以我对这项运动一直不明所以。只是出于动物的本能，觉得离开人群会有危险，所以和大家一起努力奔跑。大家又是怎么知道要跑第一呢？到底是谁教的。难道是家长教的吗？

左撇子自闭症谱系障碍者的大脑实属凤毛麟角。他们不可能成为多数的获胜者（因为他们根本就不知道为什么要和世人争斗）。明白了这点，反而能让自己释然。

其实，每个人都是少数派。在职场中女性大脑属于少数派，在家庭中男性大脑属于少数派。判断的标准不是数量，而是组织状态和各自大脑的认识框架状态是否一致。

无论在什么组织中，少数派都处于劣势。在公司里女性会觉得不愉快，在家庭中男性会觉得不舒服。给女性在公司里创造容身之所，给男性在家庭里找到合适的地位，这就是我毕生的事业。

上司是傻瓜吗

"你到底想不想干？"

"你在听我说话吗？"

"请把你刚才的话，整理成文章然后发邮件给我。"

据说现在的傻瓜上司都流行说上面几句话。而被批评的部下心里想的则是，"正因为想干所以我才在这里啊，为什么你非要这么说我呢？"

我对此感到十分的惊讶。如果被上司用上面这些话批评，那么很抱歉，这位下属肯定特别无能。

当上司问"你到底想不想干"的时候，是因为上司没有看到部下的干劲。回答消极、所答非所问、态度不端正、双眼无神、嘴角下垂看起来十分不满、不做笔记……这样的下属肯定会被上司质疑干劲。

我担任开发小组负责人的时候，有一位在开会时从不记笔记的女下属。我跟她说让她记笔记。她回答说："我不会忘的，所以不需要笔记。"年轻女性的大脑几乎可以完全记住1小时左右的讲话内容，我理解她的说辞，但我仍然要求她记笔记。因为"笔记不是为自己而记，而是为了让说话的人放心才记笔记。代表我在认真听你说话"。

在商务场合，无论你实际上有没有干劲，都要表现出非常有干劲才行。"明明非常有干劲，别人却看不出来"这是对专业人士来说最可耻的事情。如果上司问你"到底想不想干？"请一定要缠住上司追问"到底是哪里看出我没有干劲的？请明示"。

"请把你刚才的话整理成文章然后发邮件给我。"明明已经讲了20分钟的电话进行汇报，结果还被上司这样说的女部下挂断电话后郁闷地大叫道："竟然没有听懂我刚才的讲话，简直笨死了。把20分钟还给我。"

但这应该是上司想说的话才对。上司是想指导这位部下，请把刚才啰里啰嗦的讲话整理一下。可是女部下却认为"傻瓜上司听不明白我讲话"，为什么她会如此自信呢？

对我讲这件事的人这样说道："现在流行的做法是，上司为部下服务。让自己的部下开心，帮助部下做出成果，这被称为'领导力'。"

我不由得陷入深思。因为我不知道在如今的职场中我到底能为部下做些什么。

在我的研究中，有一种称之为感性趋势的发现。根据大脑的周期性，大众全体的感性在经过28年后会变得完全相反，而经过56年又会恢复原样。

1988年，Regain能量饮料的广告中有这样一句经典广告词——你可以奋战24小时吗。当时正是大众全体都充满上进心的时代。那个时代的年轻人即便长时间工作也完全不会觉得痛苦，面对通宵加班时就像在文化节前夜一样情绪高昂。那个时代的年轻人以"即便无数次被责骂，依旧不断挑战"为荣，所以即便被上司责骂也完全不会气馁。就连普通的职业女性都很有上进心，她们甚至提出"出国留学考取MBA"这样的目标。

但在过了28年之后的2016年，人们普遍认为"长时间工作、被责骂"是最痛苦的事情。日本电通广告公司的女职员因无法忍受长时间的工作而自杀，这件事曾一度成为社会热议的话题，于是雅虎宣布将实行周休3天的工作制度。但是在距此56年之前的1960年，松下幸之助宣称"未来几年内将实现周休2天的工作制度，成为当时热门话题"。随后的2～3年，植木等人提出的轻松上班理念开始流行。2019年的现在和那个时代的气氛一模一样。1988年的工作狂人，现在已经成为职场之中的上司，他们当然无法理解现在的年轻人的想法。

在体育界，那些在20世纪80年代雷厉风行的教练们，现在却因为对队员施加过大的压力而接二连三地下台。或许大家都应该在顺利工作28年后直接隐退才对。

现在即便感叹"年轻人不能吃苦……"也没有用。因为再过28年，又会回到属于工作狂的时代。但是我觉得，正因为现在这个时代实在太"温柔"，所以知道表现"干劲"的人一定会很容易就能出人头地。

我很想对我重要的下属详细解释"干劲需要表现出来才行"。虽然这和"你到底想不想干"完全是一个意思，但是如果这样说，就会让人觉得你是个傻瓜上司。

妻子的说明

在一次表演性质的访谈节目中,一名男性评论家反驳我说:"我能理解女性需要共鸣的心情,但是男性为什么一定要迎合女性呢?难道女性来迎合男性不是也很好吗?"

我回答道:"我从没有说过'请与女性产生共鸣',我说的是'女性大脑如果得不到共鸣就无法思考',至于是否要共鸣请自己决定。"

手动挡汽车如果不踩离合器,动力就无法传达到驱动部位。不踩离合器只踩油门汽车是不会前进的。不踩离合器直接踩刹车还会造成熄火。

对女性大脑来说"共鸣"就类似手动挡汽车的离合器。如果不给予共鸣,那么无论什么样的意见都无法传达到女性大脑的"驱动部位"。

在说"你做得不对"之前,应该先对女性的情感给予共鸣。比如"听了这样的话,你一定很伤心吧,今天真是辛苦你了。"女性在度过艰难的一天后最想听到的不是大道理(解决问题的方法),而是共鸣和安慰。只要得到了共鸣和安慰,女性就会觉得今天的辛苦都是值得的。

道歉的时候也要考虑对方的心情。当妻子责问"你不是说今天会早点回来吗"的时候，不要不耐烦地说"突然来了紧急工作要加班，我也没办法啊"，应该说"很抱歉让你担心了"。女性希望丈夫道歉的不是晚回家这件事，而是让她等了那么久让她担心。

女性理解"紧急加班"的意义，并不会因此而生气。她们生气的是丈夫冷冰冰的态度，连"让你担心了"这样的安慰话都不会说。丈夫只会说"突然来了紧急工作要加班，我也没办法啊"，还表现出一副"你不理解我的工作，真是个不懂事的女人"的样子。这样的大道理只会让女性受到双重暴击。

女性大脑只有在"共鸣"的作用下才得以运转。"共鸣"能给她们的情绪换挡，让她们忘掉不高兴的事，让好事加倍。

我想表达的仅此而已。

当驾驶手动挡汽车时，你也可以坚持"绝对不踩离合器"。汽车不按自己的要求驱动也算是人生的一种悲哀，请尽情享受吧。

刚才提到的那位男性评论家还说"我妻子和别人不一

样,她做得非常好"(当然这是为了节目效果设计好的台词),但是不久,我就收到这样一封邮件:"当我回家后,看过电视节目的妻子对我说,黑川老师说的没错。从今以后,我决定听从黑川老师的教诲。"

我对男性大脑深表同情。

男性大脑对半径3米以内发生的事情完全没有意识。他们看不到眼前的事情,对妻子绝大多数的行为都不了解。因此,妻子认为"丈夫肯定知道,一定会伸出援手"的事情,丈夫却完全注意不到。

当妻子给宝宝换尿不湿时,宝宝突然翻了一个身,以至于妻子无法拿到纸巾。妻子愁得"哎呀"直叫,丈夫却在一旁漠不关心。这时妻子就会感到深深的绝望。但这并不是丈夫"了解妻子的状况,却故意不理",而是他们根本没有掌握妻子的状况。可以说丈夫没有丝毫的怠慢和恶意。

在长期狩猎中进化的男性大脑擅长对半径3米以外的广阔世界进行"整体观察",这样就可以瞬时瞄准远处飞来的物体。至于半径3米以内的世界,男人则完全交给女性负责。几万年以来男女双方都相安无事。

但现在，妻子却希望丈夫连半径3米以内的世界也能做到尽如人意。结束狩猎（退休离职）回到家中，还有40年要和妻子一起生活。21世纪的男人们真的不容易啊。

人生最关键的时刻

我丈夫已经退休3个月了。

没想到丈夫在家会让我感到如此放心和方便。

因为之前听前辈们说过无数次，"退休后待在家里的丈夫"特别碍事，让人讨厌，很有压力，等等。

我们夫妻在家里分别有自己的私人空间（因为两人各自感觉舒适的室温和睡眠时间都不尽相同，所以20年来我俩都各睡自己的房间），所以"丈夫退休"对我的生活基本没有任何影响。丈夫不仅没有侵犯我的隐私，反而能帮我做更多的家务。

我家从没有搞过"家务分担"这种高级的计划。"还没吃午饭，哎呀，来不及了！可是还想出门前冲个澡，怎么办啊。"当我像这样急得团团转时，丈夫就会说，"我给你热一下虾仁炒饭吧。""到出门的时间了,可是我的衣服还没晾完",处理几次这样的事件之后,丈夫就对我说:"我帮你晾衣服吧,你不用管了。"日常还会对我说:"我帮你冲好咖啡了。"

明明是这么简单的事情,为什么大家却做不到呢?

今天早上有个媒体记者这样问道:"对男人来说,退休等于工作告一段落。但是主妇的家务活却要干一辈子。那么丈夫能为身为主妇的妻子做些什么呢?"

看上去这个提问透露着男人的体贴,但是我却对这个提问深感绝望。

对于上班的女性,以及妻子是上班族的男人来说,外面的工作和家里的工作是一体的。"这个工作做完,今天我能去接孩子","太好了,那就交给你了",工作和生活就像马赛克一样交织在一起,需要夫妻双方互相协助共同完成家务和育儿。因此,双职工家庭中如果丈夫先退休了,自然家庭中家务的分担就会发生变化。仅此而已。

这样一想,绝大多数"退休后产生的问题"大概是因为夫妻双方都没有把家里的工作和外面的工作当成一回事而产生的。

"在外面工作"和"做家务"都是为了更好地生活，你可以避免"在外面工作"，但是只要活着就不能避免"做家务"。就像只要活着就必须要刷牙和上厕所一样。

所谓的"专职主妇"就是"想支持丈夫，自己对外面的工作也没有太大兴趣"的妻子，她们为了在外面努力工作的丈夫放弃了自己在外面工作的机会，将大部分的家务事都一手承担下来，不过这只是一种"暂时的状态"。

并不是说妻子承诺一辈子都要负责家里的全部事情。妻子认为，当丈夫退休回家之后，自己的家务理所当然会减少。退休之后仍然认为"家务是妻子的工作"的丈夫很危险。即便认为自己是在"帮忙做家务"也不对。

丈夫问"中午吃什么"就是一种"家务事不关己"的表现，妻子当然会对这样的丈夫感到绝望（既然是家务小组的一员，就应该主动问"我们的午饭怎么办"）。当绝望达到一定程度时，女性会突然有一天感叹"这个人为什么要在这里"，"不明白在一起的意义"。

为了活着就必须要做家务，这也是一种生的喜悦。我认为主动参与家务，做到独立生存，事关一个人的尊严。

婆婆在去世前几天无法自己一个人坐上马桶，还需要别人帮忙擦屁股……为此她感到特别伤心。可能是觉得自己失去了做人的尊严吧。家务跟尊严息息相关。在擅长做家务事的妻子看来，明明丈夫有大把的时间，可是他却一直问"我的晚饭呢""我的袜子呢"，就像是明明可以自己擦屁股，却喊妻子"快来给我擦屁股"一个道理。哪个妻子会爱一个没有尊严的丈夫呢？想必大家现在可以理解"丈夫很恶心"的含义了吧。

既然能自己刷牙，当然也能洗碗，既然能自己擦屁股，当然也能擦地板，这些都是只要活着就必须要做的事情。应该"分担一下妻子需要做的事情"，不要认为家务事不关己。

退休之后工作就告一段落？男人们，不要再说这种傻话了。退休之后才是人生最关键的时期。

后记

夫妇的时间

前些天，我受邀在NHK的节目中与桂文珍女士对谈。

因为场景是昭和风格的茶室，所以我决定穿和服参加。当时正值盛夏，我选了一件浅紫色的和服配上一条米白色的麻腰带，看起来十分清凉。

我拜托退休在家的丈夫帮我穿和服，丈夫很痛快地答应"好的"。我将和服披在肩上，不用我说，丈夫就会帮我将和服前后都固定好。等我整理好和服的长度之后，丈夫会及时地递上细腰带。然后帮我整理好领子再系一圈窄腰带。最后再帮我扎一个漂亮的太鼓结。

我不经意间望向阳台，看到他晾的衣服正在晒着太阳。那天早晨当洗衣机停止转动后，是丈夫主动晾的衣服。

从当年一起走过教堂的红毯到现在已经过去35年了。

并不是丈夫帮了我的忙而感到开心（说实话有这方面

的原因，但这并不是我真正高兴的理由）。丈夫能关注我的行动并配合，这才是我最高兴的地方。"心有灵犀"就是我们生活的调味料。我做饭菜他洗碗；我收拾好垃圾，他就会拿走扔掉。就像是一对舞伴一样，我们在相互依偎中不断前行。

当然，我们每天也会有一点小争执，一周吵一次架，但是家中的儿媳总是会完美地给我们调停，所以争吵的次数也越来越少。

因为同是女人（且深爱着儿子的人），儿媳会与我共鸣并给我安慰，并对公公表示理解。我和儿子、儿媳和丈夫在日常生活中的感受大多相同，自从儿媳进门后，丈夫在家庭中的存在感越来越强。而且，儿媳还是我的作品的忠实读者，她也完美地掌握了男女的大脑理论。

我曾在《人类7年转变一次》中提到我们夫妇用了35年的时间才做到配合默契。

夫妇在结婚35年之后就能迎来安宁的日子。我大约在10年前，根据大脑的周期性得出了这条结论。我和丈夫验证了这一结论。

夫妇真的是一种很麻烦的关系。

为了增加子孙基因的丰富性，人会追求自己没有的特性，爱上与自己性格完全相反的人。怕热的会找怕冷的，睡相不好的会找睡相好的，急性子的会找稳重的，规规矩矩的会找吊儿郎当的，热情的会找冷酷的。

男性和女性的大脑在突然之间采取的行动是完全相反的，这是人类与生俱来的天性。具体表现为遇到事情时，女性大脑希望对方能认真听取自己的想法，男性大脑则想迅速解决问题。

即便男女在一起达到了配合默契，也算不上知心人。

刚结婚的时候男女双方都被施加了爱的魔法，无论做什么都会显得十分可爱（情人眼里出西施），但很快，爱的魔法就会消失不见。

进入围产期（怀孕、生子、哺乳）之后，男女大脑的本能会因为生殖战略而显得异常活跃。尤其是当爱的魔法消失之后，妻子会在一段时间内觉得丈夫特别烦，对丈夫"不能理解自己"表示深深的绝望。丈夫也会对完全变样的妻子表示很受伤。

我想对世间所有的夫妇说，千万不要掉进大脑的陷阱。

大脑想尽可能多留下更多丰富多彩的基因，所以不会选择"从一而终"爱一个人。但我们必须违背本能，拼命划桨不要让夫妇这艘船沉没。

也会有人顺应本能，一生中谈了很多次恋爱。作为一位研究大脑的学者，我对道德完全没有兴趣。但经历过"第35年的安宁"之后，我决定"与这个人相守偕老"。

谨以本书献给决心"与此人共度一生"的女性。无论选择哪种生活方式，女性的路都不会是一条平坦之路。因为迷惑女性的正是自己的女性大脑。大脑总会引诱女性"咱们去寻找比眼前这个男人免疫力更强的男人吧"。总有一天恋爱会褪色，你看到的将全是对方的缺点。只有意识到这些并下定决心，才能开启真正的人生。你根本没有时间烦恼"这个人或许不是我的真命天子"。要么分手，要么试着改造他，除此之外你别无选择。如果实在分不开，不妨尝试改造丈夫吧。书中提出了几个"改造"的建议。如果能够帮到大家，那将是我最大的荣幸。

出海需要罗盘。结婚则需要说明书。在我看来，如果不了解男女大脑的结构就贸然结婚，无异于一个没有罗盘的旱鸭子在深夜出海。就像曾经的我那样（在我还没有开始研究大脑的时候）。

掌握本书要领的各位妻子，一定会成为一流的海员。即便如此，仍然难免遇到暴风雨。在婚姻的大海中航行，有时也需要拼上性命。但如果能够成功地将暴风雨变成"意料之中的小风小浪"，那么婚姻这艘船就不会沉没。

本书的出版离不开大家的鼎力相助。在这里特别感谢耐心等待我写稿的讲谈社的田中浩史，童梦的望月久美子，还有陪我写作的坂口千鹤。

另外，还要特别感谢《如何理解老婆的脑回路》的各位忠实读者，他们热切期望我再出一本《如何理解老公的脑回路》，如果没有他们的强烈呼声本书就不会诞生。当初我完全没有想过要写《如何理解老公的脑回路》，只是想让全世界的丈夫都读一下"如何理解老婆的脑回路"而已。

在人生100年的时代，婚姻也将进入70年的时代。相当于两组"35年的婚姻"。也许今后大脑的周期论会发生意想不到的巨大变化。毕竟大脑是一个不断自我进化的装置。

总之，现在让我们一起用这本书来拯救我们的家庭吧。

黑川伊保子

图书在版编目（CIP）数据

如何理解老公的脑回路 /（日）黑川伊保子著；朱悦玮译. -- 北京：中国友谊出版公司, 2023.6
ISBN 978-7-5057-5546-8

Ⅰ.①如… Ⅱ.①黑…②朱… Ⅲ.①婚姻—通俗读物 Ⅳ.① C913.13-49

中国版本图书馆 CIP 数据核字 (2022) 第 161059 号

著作权合同登记号　图字：01-2022-6509

《OTTO NO TORISETSU》
©Ihoko Kurokawa 2019
All rights reserved.
Original Japanese edition published by KODANSHA LTD.
Publication rights for Simplified Chinese character edition arranged with KODANSHA LTD.through KODANSHA BEIJING CULTURE.Beijing,China.

本书由日本讲谈社正式授权，版权所有，未经书面同意，不得以任何方式作全面或局部翻印、仿制或转载。

本中文简体版版权归属于银杏树下（北京）图书有限责任公司。

书　　名	如何理解老公的脑回路
作　　者	［日］黑川伊保子
译　　者	朱悦玮
编辑协助	株式会社童梦
出　　版	中国友谊出版公司
发　　行	中国友谊出版公司
经　　销	新华书店
印　　刷	天津联城印刷有限公司
规　　格	889×1194 毫米　32 开　4.75 印张　83 千字
版　　次	2023 年 6 月第 1 版
印　　次	2023 年 6 月第 1 次印刷
书　　号	ISBN 978-7-5057-5546-8
定　　价	39.80 元
地　　址	北京市朝阳区西坝河南里 17 号楼
邮　　编	100028
电　　话	（010）64678009